中国铁建股份有限公司企业标准

盾构法水下交通隧道技术规程

Technical Regulations for Underwater Traffic Tunnels with Shield Tunneling Method

Q/CRCC 33304—2020

主编单位：中铁第四勘察设计院集团有限公司
参编单位：中铁十四局集团有限公司
　　　　　中铁十二局集团有限公司
批准单位：中国铁建股份有限公司
实施日期：2021 年 5 月 1 日

人民交通出版社股份有限公司
2021 · 北京

图书在版编目（CIP）数据

盾构法水下交通隧道技术规程／中铁第四勘察设计院集团有限公司编著．—北京：人民交通出版社股份有限公司，2021.3

（中国铁建股份有限公司企业标准）

ISBN 978-7-114-17241-0

Ⅰ.①盾…　Ⅱ.①中…　Ⅲ.①水下隧道—隧道施工—盾构法—中国—技术规范　Ⅳ.①U459.5-65

中国版本图书馆 CIP 数据核字（2021）第 069166 号

标准类型： 中国铁建股份有限公司企业标准
标准名称： 盾构法水下交通隧道技术规程
标准编号： Q/CRCC 33304—2020
主编单位： 中铁第四勘察设计院集团有限公司
责任编辑： 曲　乐　刘国坤
责任校对： 孙国靖　龙　雪
责任印制： 张　凯
出版发行： 人民交通出版社股份有限公司
地　　址：（100011）北京市朝阳区安定门外外馆斜街 3 号
网　　址： http://www.ccpcl.com.cn
销售电话：（010）59757973
总 经 销： 人民交通出版社股份有限公司发行部
经　　销： 各地新华书店
印　　刷： 北京印匠彩色印刷有限公司
开　　本： 880 × 1230　1/16
印　　张： 9
字　　数： 226 千
版　　次： 2021 年 4 月　第 1 版
印　　次： 2021 年 4 月　第 1 次印刷
书　　号： ISBN 978-7-114-17241-0
定　　价： 55.00 元

中国铁建股份有限公司文件

中国铁建科创〔2020〕172号

关于发布《铁路箱梁架设信息化施工技术规程》等6项中国铁建企业技术标准的通知

各区域总部，所属各单位：

现发布《铁路箱梁架设信息化施工技术规程》（Q/CRCC 13201—2020)、《大直径泥水盾构施工安全技术规程》（Q/CRCC 33302—2020）、《铁路建设项目水土保持施工及验收规程》（Q/CRCC 12701—2020）、《悬挂式单轨交通机电系统技术标准》（Q/CRCC 33303—2020)、《铁路车载移动测量技术规程》（Q/CRCC 13501—2020）和《盾构法水下交通隧道技术规程》（Q/CRCC 33304—2020），自2021年5月1日起实施。

6项标准由人民交通出版社股份有限公司出版发行。

中国铁建股份有限公司

2020年12月23日

中国铁建股份有限公司行政办公室　　2020年12月23日印发

前　言

本规程根据中国铁建股份有限公司《关于下达2019年中国铁建企业技术标准编制计划的通知》（中国铁建科技〔2019〕127号）的要求，由中铁第四勘察设计院集团有限公司会同有关单位编制完成。

在本规程编制过程中，编制组进行了深入调查研究，系统地总结工程实践经验，广泛征求有关单位和专家意见，并与相关标准进行了协调。本规程经反复讨论、修改，由中国铁建股份有限公司科技创新部审查定稿。

本规程共分13章和1个附录，主要技术内容包括：1 总则；2 术语和符号；3 基本规定；4 工程勘察与调查；5 工程测量；6 工程设计；7 盾构机及设备配置；8 隧道施工；9 施工监测；10 施工安全管理；11 环境保护；12 成型隧道质量检验；13 运营期监测。

本规程由中国铁建股份有限公司科技创新部负责管理，由中铁第四勘察设计院集团有限公司负责技术内容的解释。

主 编 单 位： 中铁第四勘察设计院集团有限公司

参 编 单 位： 中铁十四局集团有限公司
中铁十二局集团有限公司

主要起草人员： 肖明清　孙文昊　陈　健　李建军　何应道　王华伟
王均勇　毋海军　龚彦峰　李时亮　夏艳军　周建明
袁　庆　李秀东　蒋　超　游龙飞　苏秀婷　田国锐
朱晓天　李　勇　徐慧旺　姚八五　赵　斌　程佳琛
王志康　王春梅　谢　俊　张亮亮　戴志成　毛　升

主要审查人员： 张旭东　许和平　蒋建良　罗章波　岳　岭　卢建康
石德斌　刘四进　张健智　张晓波　全雪勇　李　峻
许和平　贾志武　李庆民　张立青　王承震　李义祥

目 次

Contents

1　总则

1.0.1　为指导盾构法水下交通隧道领域的工程建设，统一建设标准，做到技术先进、安全可靠、经济合理、节能环保，制定本规程。

条文说明

从20世纪60年代我国修建第一座水下交通隧道——打浦路越江隧道以来，截至2019年底，在铁路、公路、城市道路、城市轨道交通领域已经建成各类水下交通隧道数量超过100座，其中约80%采用盾构法建设。不同类型交通隧道的安全目标与建设质量要求基本相同，但目前各行业既有的标准、规程中对盾构法隧道设计和施工的相关规定并不统一。随着城市道路与城市轨道交通同管合建隧道（或公路与铁路合建隧道）的出现，使得这一问题更加突显。本规程在总结各交通功能盾构法隧道工程建设实践经验和借鉴国外先进标准的基础上，重点对水下隧道勘察、工程测量、隧道总体设计、衬砌结构与防水、盾构机及设备配置、隧道施工、质量检验等方面进行了统一规定，以进一步提高盾构法隧道的安全、经济和环保等性能。

1.0.2　本规程适用于铁路、公路、城市道路、城市轨道交通以及不同交通类型合建的采用圆形断面预制拼装管片衬砌的盾构法水下交通隧道的勘测、设计、施工与验收。

条文说明

根据特殊建设条件或功能的需要，除了圆形盾构隧道外，还有矩形、椭圆形、双圆形、马蹄形等多种异形截面的盾构隧道；从衬砌结构类型上，除了预制拼装式衬砌，也有同步挤压混凝土衬砌方式，但采用异形截面和挤压式混凝土衬砌的盾构隧道极为少见。从盾构机切削地层的原理和衬砌结构受力条件来看，圆形断面是最佳选择，预制拼装式衬砌也是目前盾构法隧道的主流，因此本规程仅适用于采用拼装预制管片衬砌的圆形隧道，其他异形盾构隧道可参考使用。

1.0.3　盾构法水下交通隧道的勘测方案，应根据隧道的施工工艺和水域环境特点制定，并与设计阶段相适应。

1.0.4　盾构法水下交通隧道的设计，应满足隧道的技术标准、使用功能、盾构施工工艺、运营管理与维护、防灾救援等要求。

1.0.5 盾构法水下交通隧道的施工，应详细分析隧址沿线的工程地质、水文地质、周边环境等建设条件，对盾构选型、设备配置进行综合比选，并制定针对性的施工组织方案。

1.0.6 盾构法水下交通隧道的运营维护，应根据行业特点、隧道所处环境条件和规划条件制定方案，并划定运营安全保护区范围。

条文说明

为保证盾构法水下交通隧道的运营安全和正常使用，控制外部作业对运营隧道的影响，设计中应根据隧道所处环境条件、通航、防洪等规划，针对性划定运营安全保护区范围。目前国内轨道交通多规定运营安全保护区范围为：陆域段地下隧道结构外边线外侧50m，出入口、风亭等附属设施结构外边线外10m，水域段隧道两侧各100m。武汉、南京、上海等地也分别划定了水下交通隧道的运营安全保护区范围。

1.0.7 盾构法水下交通隧道的建设应贯彻国家有关技术经济政策，执行国家节能、节材和环保等有关法律法规的规定，积极稳妥地采用新技术、新材料、新设备、新工艺。

1.0.8 盾构法水下交通隧道的勘察、测量、设计、施工、验收除应符合本规程的规定外，尚应符合国家现行有关标准和相关中国铁建技术标准的规定。

2 术语和符号

2.1 术语

2.1.1 交通隧道 traffic tunnel

以通行汽车、火车、城市轨道交通车辆或非机动车、人员为主要功能的隧道。

条文说明

“交通隧道”是在使用功能上不同于市政隧道、水工隧道等的隧道，其他规范未见具体定义。本规程对其具体含义进行了规定，即以通行汽车、火车、城市轨道交通车辆或非机动车、人员为主要功能的隧道，从行业来看，包括了公路隧道、铁路隧道、城市道路隧道和城市轨道交通隧道等。

2.1.2 水下隧道 underwater tunnel

从江、河、湖、海等地表水域下方穿越，且隧道总体布置、施工方法、施工难易程度等主要受水域条件控制的隧道工程统称。

条文说明

“水下隧道”近年来频繁出现在各种学术论文、专著，甚至规范、标准中，但均未见其具体定义，实际应用中技术人员也存在困惑。例如一座几公里长的隧道中部下穿了一条深2m、宽度20m的小河，该隧道是否属于水下隧道？本规程根据水下隧道的内涵，对其定义进行了明确。

2.1.3 管片衬砌 segment lining

用预制管片拼装而成、用于承受地层水土荷载的衬砌结构。

2.1.4 二次衬砌 secondary lining

在管片衬砌内部设置的第二层永久性结构，一般采用现浇混凝土。

2.1.5 内部结构 internal structure

隧道内部起支撑或分隔功能的结构，如分隔墙、车道板、烟道板等。

2.1.6 隧道埋深 tunnel overburden

隧道顶部至地面或河（海、湖）床面的地层厚度。

2.1.7 直线环 standard ring

两侧环面平行的管片衬砌环，亦称标准环。

2.1.8 楔形环 tapered ring

两侧环面不平行的管片衬砌环，亦称转弯环。

2.1.9 楔形量 taper

楔形环最大环宽与最小环宽之差。

2.1.10 通用楔形环 universal tapered ring

一种特殊的楔形环管片，通过其不同的旋转组合实现对隧道设计线形的拟合。

2.1.11 工程独立坐标系 independent coordinate system of engineering

根据工程需要，采用指定参考椭球、中央子午线、投影带宽和高程投影面，以高斯投影或其他投影方式建立的平面直角坐标系。

2.1.12 洞外控制测量 control survey outside tunnel

在隧道外进行的全隧道范围的平面、高程控制测量。

2.1.13 洞内控制测量 control survey inside tunnel

在隧道内进行的平面、高程控制测量。

2.1.14 竖井联系测量 shaft connection survey

隧道施工测量中，将洞外控制网的坐标、方向和高程通过竖井传递到洞内的测量。

2.1.15 变形监测 deformation monitoring

对水下交通隧道工程本体、周边环境和周围岩土体等监测对象的竖向、水平、倾斜等变化所进行的量测工作。

2.2 符号

2.2.1 荷载及荷载组合

C——结构或构件达到正常使用要求的规定限值（变形、裂缝等）；

F——结构所受浮力设计值；

G——主体结构自重，不含内部结构及设备重量；
R_F——施工期结构抗浮力设计值；
R_{sg}——隧道正上方上覆地层有效自重设计值；
R_{sf}——隧道结构壁和桩侧摩阻力设计值；
R'_F——运营期结构抗浮力设计值；
R_i——隧道内部结构及附属结构自重；
R_d——结构构件抗力的设计值；
S_d——荷载基本组合或偶然组合的效应设计值（弯矩、剪力和轴力等）；
S_{Gk}——按永久荷载标准值计算的荷载效应值；
S_{Qk}——按可变荷载标准值计算的荷载效应值；
γ_0——结构重要性系数；
γ_F——施工期结构抗浮安全系数；
γ'_F——运营期结构抗浮安全系数；
γ_G——永久荷载作用分项系数；
γ_L——可变荷载考虑设计使用年限的调整系数；
γ_Q——可变荷载作用分项系数；
γ_w——水的重度；
Ψ_c——可变荷载的组合系数；
Ψ_f——可变荷载的频遇值系数；
Ψ_q——可变荷载的准永久值系数；
a_F——结构所受浮力分项系数；
a_G——结构重力抗浮影响分项系数；
a_i——隧道内部结构及附属结构抗浮影响分项系数；
a_{sf}——侧摩阻力抗浮影响分项系数；
a_{sg}——覆土抗浮影响分项系数。

2.2.2 几何参数

A——密封垫沟槽面积；
A_0——弹性密封垫截面积；
B——衬砌环环宽；
D——隧道管片衬砌外径；
D_L——基线长度；
D_P——测距边的水平距离；
K——测段水准路线长度；
L——测段长或环线长；
R——隧道计算转弯半径；
R_m——地球平均曲率半径；

V_w——结构位于地下水位以下的体积；

Δ_1——管片楔形量。

2.2.3 其他

M_w——每千米高差全中误差；

M_Δ——每千米高差偶然中误差；

N_i——水准路线环数；

N_k——导线环及附合导线的个数；

P——各边测量距离的先验权；

R_1——检测测段长度；

S——视线长度；

S_0——经气象及加、乘常数等改正后的斜距；

W——附合或环线高差闭合差；

d——各边往返测平距的较差；

f——地球曲率与大气折光对垂直角影响的改正值；

f_β——附合导线或闭合导线角度闭合差；

k——当地的大气折光系数；

m_{D_i}——测距中误差；

m_{rms}——测站中误差；

m_β——测角中误差；

n_i——段数；

n_k——计算f_β时的角度个数；

n_p——测距的边数；

α——垂直角观测值；

σ——全球导航卫星系统（GNSS）基线长度中误差；

μ——单位权测距中误差；

ρ——常数，为 206 265"；

Δ——测段往返测高差不符值。

3 基本规定

3.0.1 盾构法水下交通隧道可按表3.0.1进行分类。

表3.0.1 盾构法水下交通隧道直径大小分类

直径类型	小直径	中等直径	大直径	超大直径	特大直径
直径范围	$D<6$m	6m$\leqslant D<10$m	10m$\leqslant D<14$m	14m$\leqslant D<17$m	17m$\leqslant D<20$m

注：D为衬砌管片外径。

条文说明

盾构隧道按照隧道外径大小进行分类是习惯做法，但是分类标准并不统一。日本根据盾构设备制造和施工难度，习惯上将14m级直径称为大直径，16～17m级直径称为超大直径，19～20m级直径称为特大直径。张凤翔、朱合华等编写的《盾构隧道》一书，按隧道断面大小对盾构进行分类：1～3.5m为小型盾构，3.5～6m为中型盾构，6～14m为大型盾构，14～18m为超大型盾构，18m以上为特大型盾构。上述分类，对大型盾构隧道的直径定义为6～14m的范围。从我国目前行业习惯来看，很少将城市轨道交通领域使用的6～7m盾构隧道称为大直径盾构隧道。故本次分类参考目前行业习惯，将管片外径6m以上至10m的隧道定义为中等直径盾构隧道。考虑到盾构设备制造和设计施工难度，将超大直径盾构隧道的上限定为17m，将特大直径盾构隧道的上限定为20m。

3.0.2 工程地质勘察应与可行性研究、初步设计、施工图设计及施工阶段相对应，分阶段开展地质勘察工作。

条文说明

本规程适用于城市轨道交通、铁路、公路、城市道路等水下交通隧道工程，各个行业的勘察阶段互有区别，但设计阶段基本上都是一致的，因此本规程按设计阶段对勘察进行划分。

3.0.3 勘察方案应根据盾构法隧道施工特点和水域环境特点制定，并采用综合地质勘察方法查明工程地质与水文地质条件，提供设计施工所需的地质参数和工程措施建议。

条文说明

水下隧道由于环境的特殊性，地质条件也往往比较复杂，采用单一的勘察方法，往往由于场地条件的限制难以实施，在短时间内难以查清场地的工程地质条件。而多种勘察手段相结合，特别是水下物探、孔内原位测试等勘察手段的应用，使几种勘察手段相互验证，取长补短，可以提高勘察的效果，也有利于勘察技术的改进。

3.0.4 当隧道穿越水域因水底地形冲淤变化、规划航道底高程等因素对隧道的埋深可能有影响时，在工程可行性研究阶段应进行河（海）床演变分析、洪水影响评价、通航条件影响评价等专题论证。

3.0.5 隧道设计应满足总体规划、交通规划、航道规划、岸线规划、交通功能的要求，并妥善处理与周边其他设施的关系。

3.0.6 隧道设计应综合考虑技术标准、地质、水文、地震、交通量及其构成、施工、运营养护、防灾救援等因素，进行技术、经济、环保多方案比选，合理确定隧道总体方案。

3.0.7 隧道设计应减少施工中和建成后对环境产生的不利影响，并考虑运营期周边环境改变对结构的影响。

3.0.8 当隧道出现损坏，地表水体可能危及隧道两端陆域安全时，应在水域范围以外的两端隧道内设置防淹门或采取其他防淹措施。

条文说明

目前国内水下交通隧道防淹措施一般是在隧道两端明挖隧道或地下车站内设置防淹门，国外也有在隧道内设置充气胶囊防水的报道。考虑到新技术的应用，本规程对防淹措施没有指定必须设置防淹门。防淹措施的抗水压能力应与洪水设计标准相一致，一般按照百年一遇的洪水位设防，按照三百年一遇的洪水位校核。

3.0.9 隧道主体结构设计使用年限100年，使用期间可以更换且不影响交通功能的构件设计使用年限为50～60年。对有特殊要求的工程，其设计使用年限可在上述规定的基础上，经技术经济论证后进行适当调整。

条文说明

国家标准《混凝土结构耐久性设计标准》（GB/T 50476—2019）关于配筋混凝土结构满足耐久性要求的混凝土强度最低等级以及各种条件下钢筋保护层最小厚度规定的，

设计使用年限分为100年、50年和30年三个档次。

国家标准《地铁设计规范》（GB 50157—2013）总则中规定：主体结构工程，以及因结构损坏或大修对地铁运营安全有严重影响的其他结构工程，设计使用年限不应低于100年。在地下工程章节规定：地下主体结构和使用期间不可更换的结构构件，应根据使用环境类别，按设计使用年限为100年的要求进行耐久性设计；使用期间可以更换且不影响运营的次要结构构件，可按设计使用年限50年的要求进行耐久性设计。

行业标准《铁路隧道设计规范》（TB 10003—2016）参照《铁路混凝土结构耐久性设计规范》（TB 10005—2018）中隧道主体结构、无砟轨道道床板、底座板设计使用年限100年，路基防护结构、200km/h及以上路基排水结构、接触网支柱设计使用年限60年的规定，要求洞门及其挡墙、衬砌设计使用年限100年，隧道边仰坡防护结构、洞内外排水结构、电缆沟槽设计使用年限60年。

行业标准《公路工程混凝土结构耐久性设计规范》（JTG/T 3310—2019）规定高速公路隧道、一级公路隧道、二级公路隧道、三级公路中隧道以上、四级公路特长隧道衬砌、洞门等主体结构设计使用年限100年，三级公路短隧道和四级公路长隧道以下隧道衬砌、洞门等主体结构设计使用年限50年，隧道内边水沟、电缆沟槽、盖板等可更换构件设计使用年限30年。该规范首次对主体结构和可更换构件根据隧道类型分别进行了界定，其中盾构法隧道预制混凝土管片为主体结构，其他预制构件（如箱涵、口子件）、车道板、排水沟、电缆沟的沟壁与盖板属于可更换构件。

通过对现行相关规范中针对设计使用年限和耐久性方面相关规定梳理，并考虑到国家《混凝土结构耐久性设计标准》（GB/T 50476—2019）设计使用年限50年对应的混凝土最低强度等级、最大水胶比、钢筋保护层厚度等指标要求均满足行业标准《铁路混凝土结构耐久性设计规范》（TB 10005—2018）中设计使用年限60年对应的要求，本规程统一规定隧道主体结构设计使用年限100年，使用期间可以更换且不影响交通功能的构件设计使用年限为50年。

目前国内外桥隧工程设计使用年限多为100年，对一些特别重要的桥隧工程，如港珠澳大桥桥隧工程、深圳湾大桥设计使用年限为120年。因此，对于一些特别重要的隧道工程，或业主有特殊要求时，设计使用年限通过论证可适当调整。

3.0.10 隧道管片衬砌结构应满足规定的强度、稳定性、耐久性和使用年限要求，建成的隧道应适应长期运营的需要，方便养护和维修作业。

3.0.11 隧道结构设计宜采用以概率理论为基础、以分项系数表达的极限状态设计方法。当缺乏统计资料时，隧道设计可根据可靠的工程经验或必要的试验研究进行，也可采用单一安全系数等经验方法进行。

条文说明

当隧道位于土质地层时，其水土压力较为明确，隧道结构一般采用极限状态法进行设计。但当隧道位于岩层时，围岩压力难以明确计算，此时不宜采用极限状态法设计。因此，本规程规定除极限状态法外，还可根据可靠的工程经验或必要的试验研究进行设计，也可采用单一安全系数等经验方法进行设计。

3.0.12 隧道内径应根据建筑限界、疏散救援及通风排烟空间、设备及管线安装空间、综合施工误差及后期沉降等要求综合确定。

3.0.13 隧道施工应根据具体建设条件编制详细的施工组织计划，合理布置施工场地。

3.0.14 隧道测量应根据贯通误差要求，采用相应的测量方法，保证隧道中线、高程测量精度。

3.0.15 工程验收应采用先进、成熟、合理的检验检测手段，数据应真实可靠，全面反映工程质量状况。

3.0.16 施工和运营阶段均应对隧道结构、水下地形进行定期监测。

4 工程勘察与调查

4.1 一般规定

4.1.1 盾构法水下交通隧道工程地质勘察工作应在收集当地资料，总结附近水域既有隧道勘察、设计、施工经验的基础上，综合运用工程地质调绘、地质钻探、物探、原位测试等勘察手段，查明隧址区工程地质条件及水文地质条件，进行岩土工程评价，提供隧道设计、施工及岩土治理所需的岩土参数，预测工程实施对周边环境的影响，并提出工程监测、环境保护建议。

条文说明

勘察之前充分收集、分析既有隧道建设资料，可以了解拟建场地的区域地质情况和以往的工程建设经验，从而明确工作重点，合理确定勘察工作量，节约勘察成本，提高勘察质量。

4.1.2 盾构法水下交通隧道工程地质勘察应满足下列工作的要求：

1 隧道选线和盾构工作井及联络通道位置的选定。

2 盾构设备选型、盾构管片结构设计、辅助工程措施选择、盾构施工参数确定。

3 工程风险评估、工程周边环境保护及监测方案设计。

4.1.3 隧道工程地质勘察遇到下列情况时应进行专项勘察或专题研究：

1 水下管线及建（构）筑物较多，且邻近环境复杂的区域。

2 岩溶强烈发育带、活动断层带、大型断层破碎带、有害气体或可燃气体发育地段或对隧道影响较大的风化深槽等重大不良地质及构造发育区域。

3 水文地质条件特别复杂区域。

4 存在极高环境风险，如隧道下穿面积较大的江、河、湖、海水体等，隧道上覆土层较薄，有冲刷、液化等风险时。

5 遇到新的工程地质问题，没有成熟的工程处理措施和建设经验。

4.1.4 盾构法水下交通隧道工程地质勘察应重点查明下列内容：

1 高灵敏度软土层、高塑性黏性土层、强透水松散砂层、含承压水砂层、软硬不均地层、特硬地层的成因、分布和工程特性。

2 含漂石（块石）或卵石（碎石）的地层的颗粒组成、最大粒径及曲率系数、不均匀系数、石质强度、耐磨矿物成分及含量、黏粒含量等。

3 基岩地区岩土分界面、岩石坚硬程度、岩石质量指标（RQD 值）、岩石风化程度、风化界面、球状风化体、差异风化、结构面发育情况等。

4 断层及断层破碎带、节理密集带、岩相接触带等空间分布、规模、物质组成、工程性质和水文特征。

5 岩溶及岩溶水、人为坑洞、孤石、放射性、有害气体等的成因、成分、特征及分布情况。

条文说明

以下地层对盾构施工和环境容易造成的主要工程地质问题，包括：

（1）高灵敏度软土层：由于土层的稳定性差，易产生流动，造成开挖面失稳。

（2）松散砂卵石层：透水性较强，开挖时易发生涌水并引起开挖面失稳和地面下沉。

（3）含有承压水的砂土层：由于承压水的作用，易产生突发性涌水和流砂，引起地面较大范围的突然塌陷和沉降。

（4）高塑性的黏性土地层：易在盾构刀盘形成泥饼或造成刀盘管路堵塞，致使盾构开挖困难，掘进缓慢。

（5）开挖面地层软硬不均：由于两种地层的受力状态差异过大，盾构掘进姿态控制困难，易造成盾构机在线路方向上的偏离或盾构机刀口断裂。

（6）特硬地层：刀具容易磨损或损坏，掘进困难。

（7）含漂石或卵石的地层：盾构机刀具磨损严重，易卡住刀盘，易扰动周围岩土体，造成超挖和地层下沉。

（8）在花岗岩或变质岩的风化层中往往随机分布球状风化体，且分布不规律，是目前在复合地层中盾构施工尚未能很好解决的难点之一。盾构掘进过程中突遇球状风化体，对刀具甚至刀盘造成很大的损坏，致使工期严重滞后。因此，要通过勘察做出准确判断，便于对盾构机进行改良设计。

（9）断层破碎带：地层透水性好，地下水丰富。破碎带的不均匀岩屑、岩块也容易造成刀具断裂、盾构姿态变化、喷涌等，给盾构掘进造成严重障碍。因此，需要在勘察阶段查明断层性质、范围、破碎带的物质成分、水文特征等情况。

（10）岩溶、人为坑洞：盾构机在推进过程中一旦遇到溶洞或人为坑洞，可能会造成盾构姿态的突然变化，从而引发隧道变形、涌水、涌泥等事故；隧道修成后，需采取措施保证通过溶洞地段或人为坑洞地段的隧道结构长期安全稳定。因此，勘察时需在岩溶发育地区与人为坑洞地段加密钻孔或采用物探方法，查明溶洞、人为坑洞的空间形态和位置。

综上，在盾构设备选型和确定辅助施工措施时应结合地质条件，充分考虑上述不利岩土层对盾构施工的影响，在设计和施工中采取必要的对策。

4.1.5 盾构法水下交通隧道工程地质勘察宜在隧道洞身范围外布置勘探孔；所有勘探孔在勘探、测试工作结束后，土层地段、岩层地段应分别采用水泥砂浆、微膨胀水泥砂浆进行封填，并详细记录勘探孔内遗留物。

条文说明

钻孔封孔多采用“黏土段采用黏土回填、砂土层采用砂土回填”的方法，但封孔效果往往难以达到要求。水域地段勘探孔，封孔难度较大，封孔后还容易造成渗流。盾构机需经过钻孔位置时，地下水可能从钻孔填筑材料的空隙中流入盾构区间，或开挖仓内的泥水通过该空隙发生喷涌，从而可能酿成重大安全事故。根据工程调查，近年海上、湖中钻孔多采用水泥砂浆封填，效果较好，考虑到岩层地段常规水泥砂浆因自身收缩可能形成渗流通道，因此本规程要求水中钻孔土层段采用水泥砂浆封孔、岩层段采用微膨胀水泥砂浆封孔。

4.1.6 盾构法水下交通隧道应根据场地复杂程度等级进行勘察。场地复杂程度等级可根据地形地貌、工程地质条件、水文地质条件按照下列规定进行划分，从一级开始，向二级、三级推定，以最先满足的为准。当隧道长度较大时，宜对复杂程度等级进行分段划分。

1 符合下列条件之一者为一级场地（或复杂场地）：

1）地形地貌复杂。

2）建筑抗震危险和不利地段。

3）不良地质作用强烈发育。

4）需要专项处理的特殊性岩土。

5）地基、围岩或边坡的岩土性质较差。

6）地下水对工程的影响较大需要进行专项研究和治理。

2 符合下列条件之一者为二级场地（或中等复杂场地）：

1）地形地貌较复杂。

2）建筑抗震一般地段。

3）不良地质作用一般发育。

4）需要专项处理的特殊性岩土。

5）地基、围岩或边坡的岩土性质一般。

6）地下水对工程的影响较小。

3 符合下列条件者为三级场地（或简单场地）：

1）地形地貌简单。

2）抗震设防烈度小于或等于6度或对建筑抗震有利地段。

3）不良地质作用不发育。

4）地基、围岩或边坡的岩土性质较好。

5）地下水对工程无影响。

4.1.7 盾构法水下交通隧道工程各个勘察阶段应分别进行建（构）筑物调查，以满足相应阶段的设计需求。建（构）筑物调查主要采用搜集资料、访问调查、现场量测等方法，必要时可以采用物探或人工挖探等勘察手段。

条文说明

当隧道穿越水域存在水下管线、水下障碍物、水下文物时，也应进行调查。

4.2 可行性研究阶段勘察

4.2.1 可行性研究阶段勘察应初步查明控制线路方案的不良地质和特殊岩土及周边环境风险，预测可能出现的工程地质问题，为隧道方案比选、隧道设计、盾构设备选型、环境保护、技术经济论证等提供地质资料。当存在多个线路方案时，应对可能作为隧道线位的区域进行地质勘察。

4.2.2 可行性研究阶段勘察应开展以下工作：

1 初步查明地形地貌、地层岩性、地质构造。

2 初步查明不良地质、特殊岩土及其成因类型、分布规律、对隧道的影响等。

3 初步查明地下水类型、埋藏条件、地下水动态变化规律等水文地质条件，必要时按地貌单元选择代表性地段进行水文地质试验，提供水文地质参数。

4 初步查明冲刷及淤积物的发育、分布及变化情况，水下障碍物的分布情况。

5 对抗震设防烈度大于或等于 6 度的场地，应初步评价场地和地基的地震效应。

6 初步评价水土腐蚀性。

条文说明

水文地质试验孔一般布置在对工程有影响的主要含水层、强透水岩层与相对隔水层的接触带、可溶岩与非可溶岩层的交接带、断层破碎带、向斜构造轴部和背斜构造两翼。

4.2.3 可行性研究阶段勘察应充分利用工程物探、原位测试等勘察手段，根据场地工程地质条件及工程特点合理选用勘察方法。

4.2.4 可行性研究阶段勘察勘探点布置应符合下列规定：

1 勘探、测试的重点应是控制和影响线路方案的不良地质、特殊岩土及地质条件复杂地段，一般地段也应布置适当的勘探测试点，避免遗漏隐蔽的工程地质问题。

2 勘探点间距不宜大于1 000m，隧道两端、中间均应布置勘探点。在地貌、地质单元交接部位和地层变化较大地段，以及不良地质、特殊岩土发育地段，应加密勘探点。

3 在隧道一侧或两侧交叉布置勘探点，勘探点与隧道结构体外边线的水平距离陆域段宜为3～5m，水域段宜为8～12m。

条文说明

隧址区不良地质及特殊岩土发育的地段、地质条件复杂的地段是隧道可行性研究阶段需重点调查的内容，对于确定隧道的平纵断面具有重大的影响。

4.2.5 可行性研究阶段勘察勘探孔深度应根据地质条件及设计方案综合确定，并应符合下列规定：

1 土层应进入结构底板以下不小于30m；在结构埋深范围内，如遇强风化、全风化岩石地层，应进入结构底板以下不小于15m；如遇中等风化、微风化岩石地层，应进入结构底板以下不小于5m。

2 遇岩溶和破碎带时勘探孔深度应适当加深。

条文说明

勘探孔深度的确定：城市轨道交通行业目前对控制性钻孔的深度规定是进入结构底板以下土层不小于30m，进入强风化、全风化岩石地层不应小于15m，进入中风化或微风化岩石地层以下5～8m；一般性钻探是进入结构底板以下土层不小于20m，进入强风化、全风化岩石地层不应小于10m，进入中风化或微风化岩石地层以下不小于5m。铁路行业规定：控制性钻孔的深度规定是进入结构底板以下土层不小于30m，遇强风化及全风化岩层进入结构底板以下为小于15m，遇中风化、微风化岩层进入结构底板以下5～8m；一般性钻探是进入结构底板以下土层不小于20m，遇强风化及全风化岩层进入结构底板以下为小于10m，遇中风化、微风化岩层进入结构底板以下5m。松散地层中，勘探深度应达到隧道结构底板以下2.5倍隧道高度，且不宜小于20m；在中风化及微风化岩石中，应进入结构底板以下不小于8m。几个行业对于勘探深度的控制原则基本相似，并都考虑了纵断面调整后的安全深度。

4.2.6 可行性研究阶段勘察测试、试验工作应符合下列规定：

1 每一主要岩土层均应采取试样，按水文地质单元采取代表性的地表水和地下水样进行测试试验。

2 主要岩土层应进行原位测试工作。

3 当隧道通过区存在有害气体或地温异常时，应进行有害气体成分、压力、含量和地温测定；高地应力地段应进行地应力测试。

条文说明

原位测试基本上是在原位的应力条件下对岩土体进行测试，其测试结果具有较好的可靠性和代表性，但原位测试评定岩土参数主要是建立在统计的经验基础上，有很强的地区性和岩土类型的局限性。因此，在选择原位测试方法时应根据岩土条件、设计对参数的要求、地区经验和测试方法的适用性等综合确定。

勘探取样的数量和质量、取样的位置，试验方法的选择，是保证室内试验成果资料质量的前提，而室内试验成果资料准确、可靠、适用又是保证地质勘察资料质量的基础。

4.3 初步设计阶段勘察

4.3.1 初步设计阶段勘察应结合隧道建设规模、标准及比选方案，确定勘察的范围，采用综合勘察手段，初步查明沿线地质构造、岩土类型及分布、岩土物理力学性质，并按表4.3.1开展岩土测试工作，为隧道初步设计提供地质资料。

表4.3.1 盾构法水下交通隧道主要岩土试验项目表

类别		测试项目
地下水		地下水位
		孔隙水压力
		渗透系数
土层	物理指标	比重、含水率、密度、孔隙比、塑限、液限
		标准贯入锤击数
		砂土、卵（砾）石土的颗粒级配
		砂土、卵（砾）石土的含砾石量、含砂量、含粉砂量、含黏土量
		砂土、卵（砾）石土的 d_{10}、d_{50}、d_{70} 及不均匀系数 d_{60}/d_{10}
		砂土、卵（砾）石土的最大粒径，砾石形状、尺寸及硬度
		砂土、卵（砾）石土石英、长石等硬质矿物含量
	力学指标	无侧限抗压强度
		黏聚力、内摩擦角、灵敏度
		压缩模量、压缩系数、泊松比
		静止侧压力系数
		基床系数
岩石	物理指标	纵、横波速度
		岩矿组成及硬质矿物含量
		岩石质量指标（RQD值）
	力学指标	饱和单轴抗压强度
		弹性模量
		泊松比
有害气体	储气土层	土化学成分
	气体	成分、压力、含量

条文说明

盾构隧道的岩土测试项目主要为隧道设计时受力条件分析计算及施工工法选择提供依据，与一般工程项目相比，试验项目较多。在盾构设计中，确定降水方法及降水量、选择注浆材料及注浆方法需要土层的渗透系数；计算开挖面的稳定性，需要土层的无侧限抗压强度及孔隙水压力；计算地层的变形量，需要地层的变形系数及泊松比；计算基床对隧道结构的反力，需要地基的基床系数；计算土压力及盾构选型，需要土的剪切力及内摩擦角；判定砂土液化、选择注浆材料与压注方式，需要砂土的颗粒分布曲线；盾构刀具和设备选型、选择施工参数等，需要岩石的强度指标及岩石的硬质矿物成分含量。

4.3.2 初步设计阶段勘察工作应包含下列内容：

1 初步查明特殊性岩土的类型、成因、分布、规模、工程性质，分析其对工程的危害程度。

2 初步查明场地不良地质作用的类型、成因、分布、规模，预测其发展趋势，分析其对工程的危害程度。

3 初步查明隧道场址地表水的水位、流量、水质、河湖淤积物的分布，以及地表水与地下水的补排关系。

4 初步查明地下水水位，地下水类型，补给、径流、排泄条件，历史最高水位，地下水动态和变化规律。

5 初步查明工程场区地下有害气体、污染土层的分布、成分，评价其对工程的影响。

6 对抗震设防烈度大于或等于 6 度的场地，应初步评价场地和地基的地震效应。

7 初步评价水和土对建筑材料的腐蚀性。

8 对可能采取的地基基础类型、地下工程开挖与支护方案、地下水控制方案进行初步分析评价。

9 对环境风险等级较高的工程周边环境，分析可能出现的工程问题，提出预防措施的建议。

4.3.3 初步设计阶段勘探点应根据场地的复杂程度和设计方案布置，并应符合下列规定：

1 铁路盾构法水下交通隧道宜根据场地的复杂程度，按表 4.3.3 的规定进行孔位布置。

表 4.3.3 铁路盾构法水下交通隧道初步设计阶段布孔原则

场地复杂程度	勘探点间距（m）
简单场地	50 ~ 60
中等复杂场地	30 ~ 50
复杂场地	10 ~ 30

2　公路盾构法水下交通隧道、城市道路盾构法水下交通隧道、城市轨道交通盾构法水下交通隧道的勘探点间距宜为 100～200m。

3　在地貌、地质单元交接部位、地层变化较大地段以及不良地质作用和特殊性岩土发育地段应加密勘探点。

4　勘探点宜交叉布置于隧道两侧，勘探点与隧道结构体外边线的水平距离宜为 8～12m。

5　取样、原位测试的勘探点数量不应少于勘探点总数的 2/3。

6　控制性勘探孔数量不宜少于勘探点总数的 2/3。

7　勘探孔深度应根据地质条件及设计方案综合确定，并符合下列规定：

1）控制性勘探孔进入结构底板以下不应小于 30m；在结构埋深范围内如遇强风化、全风化岩石地层，钻孔进入结构底板以下不应小于 15m；在结构埋深范围内如遇中等风化、微风化岩石地层，钻孔宜进入结构底板以下 5～8m。

2）一般性勘探孔进入结构底板以下不应小于 20m；在结构埋深范围内如遇强风化、全风化岩石地层，钻孔进入结构底板以下不应小于 10m；在结构埋深范围内如遇中等风化、微风化岩石地层，钻孔进入结构底板以下不应小于 5m。

3）遇岩溶和破碎带时钻孔深度应适当加深。

条文说明

铁路与公路、城市道路、城市轨道交通等在初步设计阶段的勘察要求有较大差异。铁路行业的定测与补充定测对应初步设计与施工图阶段勘察，在线路基本稳定的情况下，定测时可按施工图勘察阶段要求进行勘察。

4.3.4　岩土测试应符合以下要求：

1　每一地质单元的主要岩土层原位测试或岩土样试验数据不应少于 6 件（组）。

2　每一地质单元波速测试孔不宜少于 2 个，电阻率测试孔不宜少于 2 个。不利结构面危及施工安全和工程稳定时，宜进行现场剪切试验。

3　隧道范围内的碎石土和砂土、粉质黏土应测定颗粒级配，粉土应测定黏粒含量。

4　隧底压缩层范围内的土层宜进行回弹再压缩试验。

5　采取地表水、地下水试样及隧道结构范围内的岩土试样应进行腐蚀性试验。

6　当地下水对隧道工程影响较大或需进行地下水控制时，宜进行水文地质试验。

7　岩石测试项目主要包括岩石单轴抗压及抗拉强度、抗剪强度、软化系数、弹性模量、泊松比等。隧道范围内岩层尚应进行岩土体的石英含量及岩石磨蚀强度测试。

4.4　施工图阶段勘察

4.4.1　施工图阶段勘察应结合盾构法隧道及其附属结构物的类型、结构形式、埋置深度等特点，详细查明工程地质与水文地质条件，预测可能出现的工程地质问题，为隧道施工设计、环境保护提供资料。

4.4.2 施工图阶段勘察工作应包含下列内容：

1 详细查明隧道通过区地层、地质构造等的类型、成因、分布范围和工程特性。

2 详细查明不良地质和特殊岩土的类型、分布范围、发育特征、发展趋势及其对隧道的影响程度。

3 详细查明地表水体的水位、水深、水质、淤积物及其与地下水的水力联系等。

4 详细查明隧道通过区地下水类型、水压、渗透系数等水文地质条件，必要时应查明地下水的流速及流向。

5 详细查明隧道通过区煤层、气田、矿体及富集放射性物质、有害气体、污染土等的分布、成分、发育特征等，评价其对隧道工程的影响。

6 判定地下水和土对建筑材料的腐蚀性。

4.4.3 施工图阶段勘察勘探点布置应符合下列规定：

1 勘探点间距可根据工程类别、工程设置、场地复杂等级及设计和施工需要，按表4.3.3综合确定。

2 地质条件变化较大或岩土分界面附近应布置横断面勘探，每个地质横剖面不少于2个勘探点。

3 在隧道洞口、工作井、联络通道等附属结构物以及工法变换部位应布置控制勘探点。

4 遇岩溶、球状风化体等地质条件复杂或有特殊要求的地段宜加密勘探点。

5 控制性勘探孔的数量不应少于勘探点总数的1/3，取样测试和原位测试孔数量不应少于勘探点总数的2/3。

条文说明

城市轨道交通行业对地下工程勘察规范的制定较早，目前我国铁路、公路对于盾构隧道的勘察主要是参考城市轨道交通行业，并结合自身的工程特点来确定勘探点间距。对于第四系沉积层较厚、地层结构相对稳定、层位分布比较均匀的场址，钻孔间距可适当加大。

4.4.4 施工图阶段勘察勘探孔深度应符合下列规定：

1 勘探孔深度应根据基础类型、基础埋置深度、结构底板埋深、地质条件等综合确定。

2 控制性勘探孔深度应满足变形计算、稳定性分析、抗浮设计以及地下水控制的要求。土质地层应进入隧道结构底板以下不小于3倍洞径，岩质地层应进入结构底板以下中等风化、微风化岩石不小于5m。

3 一般性勘探孔深度，土质地层应进入隧道结构底板以下不小于2倍洞径，岩质地层应进入结构底板以下中等风化、微风化岩石不小于3m。

4 当采用承重桩、抗拔桩或抗浮锚杆时，勘探孔深度应满足设计的要求。

5 地震动峰值加速度为0.1g及以上地区，地基土为饱和砂土、粉土时，勘探孔深度应大于地震可液化层深度。

6 探明地质构造、水文地质条件以及特殊需要的勘探测试孔深度可视具体情况确定。

4.4.5 施工图阶段勘察测试、试验、工程物探工作应符合下列规定：

1 勘探、试验、工程物探等工作应在初步设计阶段的工作基础上进行，对初步设计阶段一些遗漏的项目进行补充，其测试手段、测试项目基本与初步设计勘察阶段相同。

2 当地下水对隧道工程影响较大或需进行地下水控制时，应进行水文地质试验。

3 采用冻结法施工时，应进行土体热物理力学指标试验及冻结体强度测试。

4.4.6 施工图阶段勘察遇下列情况时，钻孔内宜进行物探测井或原位测试：

1 取芯困难，岩芯漏判、误判影响施工安全和工程稳定。

2 需测定地下水层数、水位、流向、流速、渗透系数和连通性。

3 需测定地应力或地温。

4 有特殊要求。

4.5 施工阶段勘察

4.5.1 施工阶段勘察应针对施工方法、施工工艺的特殊要求和施工中可能出现的工程地质、水文地质问题等开展工作，满足施工方案调整和风险控制的要求。施工阶段勘察应根据工程问题的复杂程度，结合已有勘察成果及场地条件确定工作方法及工作量。

条文说明

施工阶段地质勘察工作是对勘测阶段地质工作的检验。各种勘察手段总存在一些局限或欠缺，而水下地形及地质环境又复杂多样，之前几个阶段的勘察资料不可能完全如实地反映工程地质条件并准确预判施工中可能出现的地质问题，特别是地质条件复杂及隐蔽的不良地质作用、特殊岩土地段更是如此。隧道掘进过程中可能遇到一些前期勘察未能提示的地质问题，因此，在施工阶段开展地质勘察工作十分必要。

4.5.2 施工阶段遇下列情况宜进行施工阶段勘察：

1 施工中发现地质条件与施工图阶段勘察差异较大，或出现地质异常，影响施工安全或工程稳定。

2 场地内不良地质、特殊岩土异常发育，影响施工安全或工程稳定。

3 施工中出现突水、涌泥、失稳、坍塌等工程地质问题。

4 施工中发生地面沉降过大、地面塌陷、相邻建筑开裂破坏等工程环境问题。

5 施工方案发生较大变更或采用了新技术、新工艺、新方法、新材料，初步设计和施工图阶段勘察资料不能满足要求。

6 需进行施工阶段勘察的其他情况。

条文说明

施工中需特别重视因地质和环境原因引发的问题，如岩溶地区突然发生的地面塌陷或地表水的漏失，有害气体的燃烧或爆炸等，液化土区由于地基局部液化产生盾构姿态变形等。在施工的整个过程中应对施工影响范围内地质条件的变化和地质灾害发生的可能性进行监测和预报，以确保施工安全和人员安全；对施工影响范围内的建（构）筑物、地下管线等周边环境进行监测，以确保周边环境安全。

4.6 成果分析与勘察报告

4.6.1 工程地质勘察报告应在搜集已有资料，取得工程地质调绘、勘探、测试、试验等成果的基础上，结合勘察阶段、工程特点、设计方案、施工方法等，进行综合地质分析。

4.6.2 工程地质与水文地质参数应结合原位测试、室内试验和当地工程经验等综合确定。

4.6.3 工程地质勘察报告应资料完整、数据真实、内容可靠，工程地质分析评价应论据充分、针对性强。

4.6.4 工程地质分析评价应包括下列内容：

1 评价工程建设场地的稳定性、适宜性。

2 划分场地土类型和场地类别，评价场地和地基土地震效应。

3 提出盾构设备选型及施工中应注意的工程地质问题。

4 提出工程措施建议。

5 提供防渗和抗浮设防水位。

6 提出突水、涌泥等事故的预防措施建议。

7 提出对因煤层、气田、矿体、放射性及有害气体等对施工安全和人体危害的防护措施建议。

8 提供冻结法施工所需的岩土参数。

9 评价水和土对建筑材料的腐蚀性。

10 根据周边建（构）筑物、地下管线等在施工过程中的安全性，提出迁改、防护等措施建议。

11 预测工程建设对周边环境影响，提出防护措施建议。

4.6.5 工程地质勘察报告应包括文字、表格、图件，重要的支持性资料可作为附件。

4.7 建（构）筑物及相关调查

4.7.1 盾构法水下交通隧道勘察中应对隧道穿越及周边影响范围内的建（构）筑物进行调查，指导隧道线位平纵面布置和结构类型、安全防护措施的选择。

条文说明

盾构法水下交通隧道的修建受到各种邻近构筑物的制约，既有构筑物影响盾构的线位方案、施工方案及运营安全，盾构体也可能会影响既有构筑物的安全。在线位选择、施工工法、安全施工等方面考虑均应对隧道周边影响范围的建（构）筑物进行详细调查。

4.7.2 可行性研究阶段勘察应对每个线位受施工可能影响范围内的建（构）物进行调查，调查应包括以下内容：

1 地面建筑物的名称、平面位置、产权单位、用途、修建年代、结构形式、基础形式等相关资料。

2 水下管线的分布。

3 水下障碍物的类型、位置、大小、埋藏深度等。

4 水产养殖场地的养殖品种、范围等。

4.7.3 初步设计及施工图阶段应对隧道穿越及隧道施工可能影响范围内的建（构）物进行调查，调查应包括以下内容：

1 房屋建筑的平面位置，基础形式，建筑物桩基的类型、桩径、桩长、桩位布置、桩基承载力、桩顶承台构造等。

2 桥梁类型及结构布置、桥长、桥宽、跨度、墩柱基础形式及承载力、桩基或地基加固设计参数、运营年限。

3 地下管线的类型、平面位置、埋深（或高程）、敷设方式、材质、管节长度、接口形式、介质类型、工作压力、工作井及节门位置、运营年限。

4 各类水工建筑物调查应包含以下内容：

1）枢纽布置、特征水位、隧道泄洪或导流标准、水库调度运行方式、河道取（用）水原则。

2）河堤、海堤、湖堤的断面形态、护坡措施、稳定性。

暗挖施工测量、明挖隧道进洞口施工测量以及结构竣工测量。

5.5.2 施工测量方案编写前应进行踏勘和收集资料，并应根据工程特点、采用的施工工法、施工工艺过程、工程周边环境条件以及所使用的仪器设备等条件和要求编写施工测量方案，施工测量过程应遵循以下要求：

1 施工期间应对地面和地下各等级测量控制点加强保护，避免损毁，并应恢复被破坏的测量控制点。

2 每次测量前应对所使用的起算点进行检核，确认其稳定可靠后方能使用。

3 结构施工完成后应恢复地下测量控制点，并以其为起算点进行结构限界测量，并提供结构限界测量成果。

4 水下隧道结构贯通误差的中误差及限差应结合盾构隧道长度、盾构隧道断面半径、经济可行性等因素综合确定。

5.5.3 联系测量应包括洞口控制测量以及通过竖井等的定向测量和传递高程测量。

1 当通视条件满足时，定向测量可通过洞外控制点以边角网测量的方法直接进洞，且应独立进行两次次测量，测量合格后取平均值作为定向成果。

2 隧道贯通前的竖井联系测量工作不应少于 3 次，宜在隧道掘进到约 100 ~ 300m、掘进至预计贯通面 1/3 时、掘进至预计贯通面 3/4 时分别进行一次，当隧道掘进较长或施工周期较长时应增加竖井联系测量次数。

3 当隧道单向贯通距离大于 1 500m 时，应采用高精度仪器设备或增加联系测量次数等方法，提高定向测量精度。

5.5.4 近井控制测量时，应符合下列要求：

1 近井点包括平面和高程近井点，应埋设在井口附近便于观测和保护的位置，并标识清楚。

2 地面平面近井点可采用 GNSS 或边角网进行测设，采用边角网进行测量时应按下列规定执行：

1）进行导线点加密时，地面平面近井点与洞外导线点应构成附合或闭合导线。

2）平面近井点应按本规程第 5.1.3 条中边角控制网要求施测。

3 高程近井点测量应起闭于线路水准基点，按本规程第 5.3 节水准测量技术相关要求施测。

5.5.5 通视条件满足时竖井联系测量应按下列规定执行：

1 平面坐标传递测量应利用近井控制点，采用边角控制网测量的方式沿竖井将平面坐标传递至地下，各级边角控制网测量要求按本规程 5.2.10 条要求施测。

2 高程传递测量应利用地面高程控制点，当现场条件满足时采用水准测量形式，沿竖井将高程传递至地下，其测量技术要求应符合本规程第 5.2 节水准测量相关技术规定。

条文说明

现行国家标准《城市轨道交通工程测量规范》（GB/T 50308）对常规联系测量有相对明确的技术要求，一井定向法、两井定向法、陀螺全站仪和铅垂仪（钢丝）组合法、导线直接传递法、投点定向法技术较为成熟。针对导线直接传递法，采用分层布点后，联系测量按边角网的图形条件进行分层传递，同步完成平面及高程的联系测量。

5.5.6 竖井联系测量包括坐标、定向边方位角和高程传递测量，通过竖井进行联系测量应按下列规定执行：

1 竖井平面联系测量可根据施工现场作业条件，选用一井定向、两井定向、全站仪悬挂钢丝、边角网直接传递等方法。

2 竖井高程联系测量可采用悬挂钢尺法或不量仪器高和觇高程的三角高程法。采用悬挂钢尺法测量时，钢尺应经过计量部门鉴定并施加标准重量的拉力，并进行尺长和温度改正，并独立进行三次测量，三次测量高差较差应小于 ±3mm，测量合格后取平均值作为高程联系测量值。

3 采用边角网直接传递法进行平面联系测量时，导线测设宜布设成网状，边角网测量技术要求应满足本规程的相关要求。

4 对于大于 2km 水下隧道，当通视条件不满足时，可采用一井定向、两井定向、全站仪悬挂钢丝方法进行坐标及高程传递；当现场通视条件满足时，应采用边角网直接传递方法对原联系测量成果进行修正，并依据修正成果重新计算更新隧道洞内导线成果。

5.5.7 隧道内施工控制测量包括隧道内平面和高程施工控制测量，应遵循以下要求：

1 平面控制测量宜采用导线或自由测站边角交会网进行测量，高程控制测量应采用水准测量方法。

2 平面控制测量按本规程第 5.2 节中三等边角控制网相关要求施测，高程控制测量按本规程第 5.3 中二等水准测量的相关要求施测。

3 水下结构内平面控制点点间距以 150 ~ 400m 为宜，小半径段或通视困难时可适当缩短；高程控制点宜与导线点共点，独立布设时点间距为 500m 左右。

4 水下结构内的平面和高程控制点标志，应根据施工方法和隧道结构形状确定，并宜埋设在隧道底板或两侧墙上，应注意布设在不易破坏且便于观测使用的地方。

5 每次进行平面、高程控制测量前，应对平面和高程起算点进行检测，确保其可靠性。

6 隧道内结构掘进距离满足控制点间设计间距要求时应及时布设隧道内控制点，并进行地下施工控制测量。

7 相邻竖井或相邻地下结构贯通后，施工控制网应及时进行贯通测量。

条文说明

（1）传统的水下结构内平面施工控制测量采用单导线、双导线、导线环、导线网等方法；实践证明在贯通长度不是太长的情况下，一般长度不大于6km，自由测站边角交会网测量由于不需要仪器和棱镜对中等优势，能够提高平面控制网的精度。

（2）结合现有铁路、地下交通施工经验，为了提高隧道掘进施工控制网与贯通后导线及高程控制网的匹配性，减少不同等级控制网之间的系统性差异，本规程要求隧道施工时控制网精度与隧道贯通后导线及高程控制网精度一致。

（3）由于水下交通隧道工程工程种类不同，可能存在小半径曲线，因此规定平面控制点的点间距较短，且较为灵活。

（4）由于洞内平面和高程施工控制测量直接影响隧道掘进方向和高程，工程中经常遇见掘进偏离设计现象，因此应首先保证起算点的可靠性，再及时根据工程进展布设控制点并按要求进行测量。

5.5.8 盾构法隧道施工测量包括盾构始发、掘进和接收三个阶段施工测量工作，具体要求如下：

1 盾构机始发井建成后，应利用联系测量成果加密测量控制点，并进行隧道掘进中心线与导轨位置测设以及反力架和洞门圈安装测量。

2 利用地下测量控制点宜采用极坐标法放样隧道中心线和盾构机导轨的位置，利用水准测量方法测设隧道高程控制线以及盾构机导轨坡度，坐标和高程放样中误差应小于±5mm。

3 应根据反力架和洞门圈位置的里程计算其中心三维坐标，采用三维放样方法放样。反力架和洞门圈安装后浇筑前应对其经过设计中心的垂直和水平方向上的上、下、左、右位置进行复测，并提供相应里程的坐标或与中心的距离。放样和复测中误差应小于±10mm。

4 盾构机接收井建成后，应进行隧道掘进中心线与导轨位置测设以及洞门圈安装测量。

5 盾构拼装后应进行初始姿态测量，掘进中应进行实时姿态测量。盾构姿态测量应包括平面偏差、高程偏差、俯仰角、方位角、滚转角及切口里程。

6 采用人工测量方法进行初始姿态测量和实时姿态测量时应符合下列规定：

1）盾构测量标志点应牢固设置在盾构机纵向或横向截面上，标志点间距离应尽量大，且标志点不应少于3个，标志点可粘贴反射片或安置强制对中的棱镜。

2）盾构测量标志点的三维坐标应与盾构结构几何坐标建立换算关系。

3）盾构测量标志点测量宜采用极坐标法，并宜采用双极坐标法进行检核。测量中误差应小于±3mm。

7 采用自动导向系统测量方法进行初始姿态测量和实时姿态测量时，应符合下列规定：

1）自动导向设备可采用棱镜型自动测量系统或激光靶型自动测量系统，系统应包括测量仪器和设备、计算存储设备、数据传输、系统软件等。

2）系统应能够计算并以图形、数字方式实时显示盾构机当前姿态和历史姿态信息等。

3）系统应具有对自身各部件的运行状态进行监控和报警功能。

4）所有数据应存储于工业电脑固定的存储位置，并定期在其他存储设备上进行备份。

5）始发前，应对输入自动导向系统的线路设计参数进行检查，确认无误后方可输入，并采用导出输入数据进行复核的方法对输入数据进行二次复核。

8 隧道掘进中测量控制点迁站步骤和方法应符合下列规定：

1）迁站过程中盾构应停止掘进。

2）迁站前应测量盾构姿态。

3）迁站后应对使用的相邻控制点间几何关系进行检核，确认控制点位置正确。

4）利用迁站后控制点进行盾构姿态测量。

5）迁站前、后测定的盾构姿态测量较差应小于 $2\sqrt{2}\,m_{rms}$。

9 隧道掘进过程中应采用人工测量方法对导向系统测量成果进行检核。

5.5.9 盾构姿态测量频率应根据人工测量或导向系统精度以及控制盾构机掘进长度的位置误差确定。盾构机始发 100m 内，到达接收井前 100m 内应增加频率。

5.5.10 衬砌环姿态测量要求应符合下列规定：

1 在盾尾内管片拼装成环后应测量盾尾间隙。

2 衬砌环完成壁后注浆后，应进行衬砌环姿态测量，测量内容应包括衬砌环中心坐标、底部高程、水平直径、垂直直径和前端面里程，测量允许误差应在 ±3 mm 以内。

5.5.11 地下结构现状及限界测量要求应符合下列规定：

1 地下结构完工后，应以各级控制点为起算点，对结构进行横断面和底板纵断面测量，以检查地下结构现状及限界。

2 地下结构及限界测量宜采用三维激光扫描技术进行全断面和限界检测，也可采用全站仪法、断面仪法、支距法等方法进行测量。

3 采用全站仪法、断面仪法、支距法进行结构横断面和底板纵断面测量时应按设计要求布设断面，结构横断面变化段和施工偏差较大段应加测。

4 结构断面应垂直于线路中线，结构横断面上测量点的位置应按下列规定执行：

1）区间横断面上测量点的位置应为依据断面形式确定的建筑限界控制点或由设计指定位置的断面点。

2）横断面底板上的限界控制点应为线路中线点，各个断面底板上的线路中线点形成底板纵断面。

5 横断面测量里程允许误差不超过 ±50mm，断面限界控制点测量与线路中线法距的测量允许误差不超过 ±10mm，高程的测量允许误差不超过 ±20mm。

6 底板纵断面上线路中线点高程测量里程误差不应超过 ±50mm，高程测量允许误差不超过 ±10mm。

7 纵、横断面测量成果应进行检核，接近限界尺寸的断面应进行复测确认。

8 结构横断面和底板纵断面测量完成后，应按设计要求提供测量成果表并绘制断面图。

5.5.12 采用地面三维激光扫描精度等级应以中误差作为衡量精度的指标。扫描管片作业的点云精度应符合表 5.5.12 的规定，有特殊要求的应另行设计：

表 5.5.12 地面三维激光扫描作业点云精度

特征点相对中误差（mm）	点位相对于邻近控制点中误差（mm）	适 用 范 围	
		隧道检测	隧道监测
≤3	≤5	√	√

5.5.13 地面三维激光工作程序应包括前期准备、数据采集、数据处理和数据应用等。

5.5.14 数据采集工作应包括控制网检查、扫描站布设、标靶布设、点云数据采集、纹理数据采集、外业数据检查等内容。

5.5.15 非轨道隧道管片检测宜采用单站扫描的点云数据。检测部位的点云数据为多站扫描数据配准而成时，应采用靶标配准，配准次数不宜大于 4 次且扫描线路应闭合。轨道隧道宜采用移动式扫描仪采集点云数据。如仅需求取管片相对变化量，则无需进行绝对定位及定向。

5.5.16 采用三维激光扫描仪进行监测时应符合下列要求：

1 监测位移变形时，应对水下隧道原有平面及高程控制网进行复测，每期测量前先对控制网进行检核。

2 监测几何尺寸变化时，可采用相对测量模式，不利用监测控制网或控制点。

3 首期测量应连续进行两次独立测量。当相应两次观测数据的较差不大于极限误差时，取其算术平均值作为该项目变形测量的初始值，否则应立即开展重测。

4 数据采集除应符合本规程表 5.5.12 的精度要求外，还应采取措施减少仪器系统误差影响，采用于激光扫描仪配套的标靶，历次观测数据宜选取同样的仪器、采集模式、角度分辨率、设站位置和数据处理方法。

5 应根据现场条件、监测对象、拟合残差、抽测检核等因素对监测成果进行综合分析。

5.6 控制网复测

5.6.1 控制网复测内容包括洞外平面、高程控制点，洞内平面、高程控制点。

5.6.2 水下隧道交通隧道建设期间，应加强平面及高程控制网复测维护工作。

条文说明

控制网复测维护分为定期复测维护和不定期复测维护，定期复测应由建设单位组织勘察设计单位和施工单位实施，不定期复测维护应由施工单位实施。由于在工程建设期间，控制网破坏或受施工干扰，因此控制网应定期进行维护。不定期维护主要是根据工程需要，为保持控制网的准确稳定，进行的复测；特殊地质条件或特殊情况下，应加强复测维护。

5.6.3 定期复测是对平面及高程控制网全面复测，复测内容、频次和数据处理应按下列规定执行：

1 施工单位接桩后，应对洞内外控制网进行复测。

2 隧道贯通前，勘察设计单位应对洞内外控制网复测一次。

3 工程验收前，应对洞内外控制网复测一次。

4 施工单位在工程建设期间每半年应对洞内外控制网复测一次。

5 宜逐级控制进行约束平平差，困难时可选用测段内稳定的同级控制点进行约束平差，分段进行数据处理与分析。

条文说明

根据工程建设阶段，对定期复测进行了规定。隧道贯通前及静态验收前的控制网复测是主要针对控制网的勘察设计单位制定。一般情况下应进行整网复测和数据处理；第1款、第4款主要针对施工单位制定。勘察设计单位在复测时一般情况下宜逐级控制进行约束平差，由于工程进度原因需要分段进行复测时或各施工单位独立进行复测时，无法严格按照等级控制要求进行平差计算，因此第5款规定可采用同级控制点进行约束平差，但应注意对选用的约束点进行稳定性分析。

5.6.4 不定期复测是根据工程建设需要适时对平面控制网开展的复测，复测内容、频次与数据处理按下列规定执行：

1 施工期间复测周期不宜大于6个月。

2 特殊地区、地面沉降地区或施工期间出现异常的地段，适当增加复测次数。

3 宜逐级控制进行约束平差，困难时可选用测段内稳定的同级控制点进行约束平差，分段进行数据处理与分析。

4 当复测较差超限时，应查明原因，由监理和设计单位确认。

条文说明

不定期复测主要由施工单位负责实施，由于各标段独立进行复测，有时无法严格按照等级控制要求进行平差计算，因此规定可采用同级控制点进行约束平差，但应注意对选用的约束点进行稳定性分析。监理单位在复测过程中应对观测过程进行确认，与设计单位成果较差超限时应报监理单位和设计单位确认。

5.6.5 洞外控制网的方法和精度应与原测相同，网形应与原网形尽量一致。复测平面、高程控制点较差以及复测精度应符合现行行业标准《铁路工程测量规范》（TB 10106）的有关规定。

5.6.6 洞内平面网复测的方法和精度应与原测相同，应符合下列规定：

1 采用自由测站边角交会法测量的洞内导线平面网，复测成果与原测成果的较差应符合表5.6.6-1的规定。

表5.6.6-1 洞内平面网自由测站边角交会法复测限差要求

复测与原测坐标较差限差（mm）	相邻点的复测与原测坐标增量较差限差（mm）
$\pm 2\sqrt{m_{原}^2 + m_{复}^2}$	±5.0

注：1 表中 $m_{原}$ 为原测 X 或 Y 坐标中误差，$m_{复}$ 为复测 X 或 Y 坐标中误差。

2 表中坐标增量较差限差指 X、Y 坐标分量增量较差。

2 采用导线法测量的洞内平面网，复测的水平角、边长和坐标与原测成果的较差应符合表5.6.6-2的规定。

表5.6.6-2 洞内平面网导线法复测较差的限差

	等级	水平角较差限差（″）	边长较差限差（mm）
控制网	二等	±2.8	$\pm 2m_D$
	三等	±3.6	
	四等	±5.0	

注：m_D为全站仪测距的标称精度。

5.6.7 线路水准基点控制网复测应符合下列规定：

1 复测时采用的起算点和控制网观测方案应与原测一致。

2 复测采用的观测方法、观测精度、数据处理和成果精度应与原测一致。

3 同一测段原测高差与复测高差的较差绝对值应符合本规程表5.3.3的规定，该测段高差稳定，不满足时应查明原因并进行复测确认，确认无误后可采用同精度内插方式更新成果。

6 工程设计

6.1 一般规定

6.1.1 隧道宜选择河（海）床稳定、冲刷深度小的地段通过；线路平面宜为直线或大半径曲线，平面最小曲线半径取值应考虑盾构设备最小转弯能力。

6.1.2 隧道不宜穿越工程地质、水文地质极为复杂和溶洞、活动断层等严重不良地质段，必须通过时，应有充分的理由和可靠的工程措施。

6.1.3 隧道两岸工作井的选址，应结合工程地质和环境条件、施工场地布置、盾构始发与接收段覆土厚度等因素综合确定。

6.1.4 盾构隧道宜避免位于可液化地层中。当隧道周边存在可液化地层时，应根据地层的液化等级、液化范围及其与隧道的位置关系等因素，分析地层液化后对隧道结构强度和稳定性的不利影响，并应采取相应的消除地层液化或隧道结构加强措施。

6.1.5 土质地层两条盾构隧道间的最小净距不宜小于后施工隧道的1倍开挖宽度，盾构始发或接收段最小净距在土质地层段可取后施工隧道开挖宽度的0.5倍，岩质地层段的最小净距可适当减小。

条文说明

两条盾构隧道之间最小距离应按后施工隧道不会对先施工隧道产生有害影响的原则确定。根据大量工程实践经验和研究成果，对于土层地段，当两条隧道净距大于后施工隧道开挖宽度0.7倍时，正常施工条件下对先行隧道的影响基本可以忽略。对于岩层地段，隧道净距可适当减小，具体取值与围岩的稳定性有关，一般为土层地段的0.5～1.0倍（围岩稳定性好时取小值，否则取大值）。当建设条件困难，确需进一步减小两条隧道之间净距时，可采取在两条隧道之间地层加固或设置隔离桩等措施，并通过研究确定最小净距。

6.1.6 隧道纵断面设计应符合下列规定：

1 纵断面设计时应考虑河床高程、预测最大冲刷深度、地质条件、航道规划与疏浚、船舶抛锚等因素综合确定最小覆盖层厚度。

2 土层地段覆盖层厚度不宜小于1.0倍隧道外径，穿越深槽等局部地段不宜小于0.7倍隧道外径；岩层地段的覆岩厚度应根据盾构机类型与换刀工艺、岩石的强度、岩体构造与完整性、上覆土层的厚度与渗透性等因素，按有利于减少围岩压力与水压、保证施工安全的原则确定。覆盖层厚度同时应满足水利及航运部门对规划河床底面高程和船舶锚击深度的要求。

3 施工期和运营期隧道抗浮安全系数应符合表6.1.6的规定。

表6.1.6 隧道抗浮安全系数

阶段	不考虑侧摩阻力	考虑侧摩阻力
施工阶段	1.05	1.10
运营阶段	1.10	1.15

注：1 施工阶段抗浮安全系数按实测埋深计算。
2 运营阶段抗浮安全系数按预测最大冲刷线以下的埋深计算。

4 当存在驳岸或码头桩基、沉船等既有建（构）筑物或地下障碍物时，宜从平面或竖向进行绕避，也可以等地面清除障碍物后再通过。

5 盾构隧道应尽可能选择埋置于单一地层中，当确需穿越软硬不均地层时，应尽可能减少穿越软硬不均地层的段落长度。

6 隧道出入口接地点外的接线应设置反向坡，形成驼峰，驼峰高度应根据接地点处的内涝或设计洪水位综合确定。

条文说明

隧道出入口接地点外应设置驼峰，并根据内涝或设计洪水位高程综合确定接线路基及敞开段边墙设计高程。当纵坡条件困难，确实无法设置驼峰时，应采取横截沟等措施，防止接线路基或桥梁范围内雨水进入隧道。

6.1.7 运营阶段，应对盾构隧道衬砌结构进行承载能力极限状态和正常使用极限状态设计。施工阶段，应对管片衬砌结构进行承载能力极限状态设计；当施工阶段可能产生不可恢复的裂缝时，应对裂缝宽度进行限制。

条文说明

根据盾构法隧道的施工特点，管片结构在施工阶段可能短期承受极大的局部荷载，此时如要求结构裂缝开展宽度满足正常使用要求，则很不经济。当施工阶段的局部荷载消失后，有些结构裂缝可以恢复或自行修复，因此只对不可恢复的裂缝进行宽度限制。

6.1.8 隧道的防水设计应遵循“以结构自防水为根本，以接缝防水为重点，多道设防，综合治理”的原则，采取与其相适应的防水措施。

6.1.9 隧道的耐久性设计应根据隧道结构的设计使用年限、隧道所处的环境类别及作用等级综合确定。

6.1.10 隧道设计应对隧道施工和运营期的主要风险进行评估，并采取针对性的技术措施，满足工程实施可行性及运营安全的要求。

6.1.11 隧道设计应考虑施工及运营对环境的影响，并应同时考虑城市规划及周围环境对隧道结构的影响。

条文说明

隧道设计时除了考虑现状条件外，尚需充分考虑远期规划条件，综合确定隧道可能承受的荷载。

6.1.12 盾构隧道与工作井的连接应结合地层条件、受力及变形要求等因素综合确定，工作井的洞门尺寸应根据测量精度、施工误差等因素确定。

6.2 隧道总体设计

6.2.1 盾构法水下铁路隧道总体设计应符合以下规定：

1 隧道修建方式应结合隧道长度、施工组织、运营和防灾疏散救援工程设置等因素，进行单洞双线和双洞单线方案的技术经济比选。

2 隧道内轮廓应根据建筑限界、隧道内股道数和线间距、空气动力学效应、曲线段加宽、接触网悬挂方式、轨道结构形式和其维护方式、隧道设备空间、疏散救援、施工误差等因素综合确定。

3 隧道防灾疏散救援应满足现行行业标准《铁路隧道防灾疏散救援工程设计规范》（TB 10020）的规定。

4 工程总体布置应合理考虑各种设施及设备洞室在隧道内的布置。

5 隧道衬砌结构应考虑接触网下锚、综合接地等安装要求。设备安装不应对隧道防水和结构安全产生不良影响。

6.2.2 盾构法水下公路隧道总体设计应符合以下规定：

1 隧道设计应满足公路规划、公路功能、土地资源、生态环境、可持续发展的要求，平纵线形、建筑限界、净空断面、通风、照明和交通监控等设施应与公路等级相适应。

2 隧道内车道数和设计速度应根据交通量、路段设计速度确定。隧道内宜按禁止装载易燃、易爆及其他危险品车辆通行条件进行设计。

3　隧道管理中心及收费站等附属设施应根据隧道规模、交通量、运营养护等要求合理设置。

4　隧道内纵坡应考虑行车安全、运营通风要求确定，最小纵坡不应小于0.3%，最大纵坡不应大于3%。短于100m的隧道可不受此限制。高速公路、一级公路的中、短隧道，受地形等条件限制时，经技术经济论证、交通安全评价后，隧道最大纵坡可适当加大，但不宜大于4%。其余条件应满足公路行业相关要求。

5　隧道内净空尺寸应符合下列规定：

1）隧道内净空尺寸应满足现行行业标准《公路隧道设计规范　第一册　土建工程》（JTG 3370.1）中车道宽度、侧向宽度及建筑限界高度的规定。

2）三车道盾构隧道和盾构段长度不超过1km的双车道隧道内可不设置检修道和紧急停车带。

3）盾构段长度超过1km的双车道盾构隧道宜设置全隧道贯通的硬路肩，硬路肩宽度（含右侧侧向宽度）宜取3.0m。

4）隧道建筑限界之外的空间应满足隧道内装修、排烟道、风机、信号灯、照明灯等设备及各类管线的布置要求。

5）在满足建筑限界及其他使用功能要求下，沿径向应预留不小于150mm的富裕空间。

6　隧道内的疏散应符合下列规定：

1）当隧道主要位于岩层中时宜优先采用横通道疏散方式，横通道尺寸和间距应满足现行行业标准《公路隧道设计规范　第一册　土建工程》（JTG 3370.1）相关要求。

2）当隧道主要位于软弱地层中时宜优先利用车道下层空间作为人行疏散通道，通道净宽不宜小于2m，净高不宜小于2.2m；行车道与下层疏散通道之间的逃生口纵向间距宜为80～100m。

3）双层公路隧道或人行疏散通道与车道孔不在同层的单层隧道，宜设置封闭楼梯间，疏散楼梯净宽度不应小于0.8m，坡度不应大于60°，楼梯净高不应小于1.9m。楼梯间纵向间距宜为80～100m。

4）软弱地层中不宜在盾构法隧道段设置车行横通道。

条文说明

根据公路工程技术标准，高速公路及一级公路右侧硬路肩宽度多为3.0m，当以小客车通行为主时可取为2.5m。如小于2.5m，还需设置紧急停车带。

6.2.3　盾构法水下城市轨道交通隧道总体设计应符合以下规定：

1　区间隧道修建方式应根据区间行车组织、水域条件、通风和防灾救援要求，对单洞双线隧道和双洞单线隧道方案进行技术经济综合比选。

2　区间隧道线路平面圆曲线半径应根据车辆类型、地形条件、运行速度、环境要求等综合因素比选确定。双洞单线隧道 A 型车正线最小曲线半径不宜小于 350m，B 型车正线最小曲线半径不宜小于 300m；单洞双线隧道 A 型车正线最小曲线半径不宜小于 600m，B 型车正线最小曲线半径不宜小于 500m。

3　区间隧道正线坡度应考虑行车安全、运营通风要求、排水要求确定，最小纵坡不应小于 0.3%，最大纵坡不应大于 3%。

4　区间隧道内净空尺寸应满足地铁建筑限界、设备布置、施工工艺等要求，并应考虑施工误差、结构变形等影响。

5　区间隧道的疏散应符合下列规定：

1）两条单线正线区间隧道之间应设联络通道，相邻两条联络通道的间距不应大于 600m，联络通道内应设并列反向开启的甲级防火门，门扇的开启不得侵入限界。

2）正线地下区间内应设置纵向疏散平台。

3）单洞双线正线地下区间的线路间宜设置耐火极限不低于 3.00h 的防火墙；不设置防火墙且不能敷设排烟道（管）时，在地下区间内应每隔 800m 设置一个直通地面的疏散井，井内的楼梯间应采用防烟楼梯间。

4）当地下区间利用区间风井进行疏散时，风井内应设置直达地面的防烟楼梯间。

6.2.4　盾构法水下城市道路隧道总体设计应符合以下规定：

1　隧道总体设计应符合城市总体规划、综合交通规划的要求，协调好与周边建（构）筑物、市政管线、综合管廊、轨道交通、穿越水域覆盖层厚度等因素的关系，以控制施工风险，减少征拆及管线迁改数量，并为规划预留必要的实施条件。

2　隧道总体方案应从技术标准、通道布置、洞口位置、线形条件、路网衔接、交通集散条件等多个方面进行综合比选，做好出入口交通组织，协调与地面交通的衔接，保证地下道路主线通畅，进出交通有序，与周边路网衔接顺畅。

3　隧道及进出匝道平面应尽量布置在道路红线范围内，尽可能减少对地块切割，减少对周边用地的影响。

4　隧道设计速度应与接线道路设计速度匹配，隧道内宜按禁止装载易燃、易爆及其他危险品的车辆通行条件进行设计。

5　盾构隧道内部结构应结合建筑限界、使用功能、运营安全、维修养护等要求进行布置，充分利用盾构隧道顶部和底部空间。隧道内设置 10kV 及以上的高压电缆时，应采用耐火极限不低于 2.0h 的防火分隔体与其他区域分隔。隧道内不应搭载燃气管线、石油管道等易燃、易爆、高温、高压、易腐蚀的危险管线。

6　隧道内机动车辆不宜与人行或非机动车共用通行孔；同一个通行孔内宜采用单向行车。

7　隧道内防灾疏散宜符合本规程 6.2.2 条第 6 款的要求。

8　隧道应进行防火设计，其防火要求应符合现行国家标准《建筑设计防火规范》（GB 50016）的规定。对于长度大于 500m 的隧道，应拟定发生交通或火灾事故的应急处理预案。

9 隧道应设置隧道管理用房，当隧道长度小于1km时且车流量较小时，可不设管理用房。

6.3 荷载

6.3.1 盾构法水下交通隧道设计荷载应根据现行国家标准《建筑结构荷载规范》（GB 50009）和相关行业标准综合确定，并符合表6.3.1的规定。

表6.3.1 荷载分类表

荷载类型	荷载名称
永久荷载	结构自重
	附属设备自重
	地层压力
	隧道上部和破坏棱体范围的设施、建筑物压力、水体压力
	水压力
	地层抗力
	预加应力
	地基变形
	混凝土收缩和徐变影响
可变荷载	地面荷载及其动力作用
	地面荷载引起的侧向压力
	运营阶段水土压力变化
	施工荷载
	冻胀力、膨胀力等
	隧道内交通荷载及其动力作用
	温度作用
	人群荷载
偶然荷载	地震荷载
	人防荷载
	沉船、爆炸、抛锚荷载

注：1 表中未列出荷载可根据其性质分别列入上述三类荷载中，并参考相关规范进行取值计算。
2 地层抗力根据地质资料确定。当无具体参数时，可参考相关规范取值。
3 对于火灾工况下的结构耐火性能，公路隧道和城市道路隧道应满足现行国家标准《建筑设计防火规范》（GB 50016）相关设计要求，铁路隧道和城市轨道交通隧道应满足相关行业的规定。

6.3.2 永久荷载标准值应符合下列规定：

1 结构自重按结构实际重量计算。

2 附属设备自重由设计单位根据设计需要确定，按设备实际重量取值。

3　地层压力和静水压力按照施工阶段和正常使用阶段分别计算。

4　施工阶段地层压力和静水压力的计算原则应符合如下规定：

1）顶部地层压力，对于岩石地层宜根据地层分布、盾构机设计、同步注浆材料性能等因素采用特征曲线法或数值分析方法进行计算；对于土质地层浅埋隧道可按全覆土压力计算，覆土厚度大于2.0D时，可按照太沙基松弛土压力理论进行计算。

2）岩石地层水平压力系数宜按现行行业标准《铁路隧道设计规范》（TB 10003）取值；土质地层侧向土压力施工阶段采用朗肯主动土压力计算。

3）隧道底部的主动围岩压力应根据隧底地层条件、开挖直径、埋深等因素综合确定，当隧底地层在无支护状态下能够自稳时，可不计入底部地层的主动围岩压力；当隧底地层在无支护状态下不能自稳时，应计入使底部地层在无支护状态下处于极限平衡状态时所需的围岩压力。

4）静水压力按结构施工时的地下水位或地面水体水位计算。采用泥水平衡盾构施工时，地层水压力按水土分算采用静水压力计算；采用土压平衡盾构施工时，地层水压力在砂性土中采用水土分算，在黏性土中采用水土合算。

5　正常使用阶段地层压力和静水压力的计算原则应符合如下规定：

1）顶部地层压力、岩石地层水平压力系数和底部主动围岩压力采用与施工阶段相同的计算方法。

2）侧向土压力采用静止土压力。

3）水压力采用水土分算。

6　隧道上部和破坏棱体范围的设施及建筑物压力，对于既有和已批准待建的建筑物应根据结构物与隧道的相互关系确定荷载取值；当隧道覆土厚度足以形成稳定的承载拱时可按承载拱理论考虑其作用力。

7　地层抗力采用地基弹簧模拟。

6.3.3　可变荷载标准值可按下列规定计算：

1　汽车荷载及其动力作用应按照现行行业标准《城市桥梁设计规范》（CJJ 11）和《公路桥涵设计通用规范》（JTG D60）的有关规定计算。地面车辆荷载可简化为与结构埋深有关的均布荷载。

2　列车荷载及其动力作用根据列车类型，应分别按照国家现行标准《城市轨道交通桥梁设计规范》（GB/T 51234）、《铁路桥涵设计规范》（TB 10002）或《铁路列车荷载图式》（TB 3466）等相关规范中的有关规定计算。

3　地面超载宜取20～30kPa。

4　盾构吊装荷载根据吊装方式、最大吊装重量等确定，当无详细资料时，可按下列规定取值：

1）中等直径盾构隧道，宜取50～70kPa。

2）大直径盾构隧道，宜取70～100kPa。

3）超大、特大直径盾构隧道，宜取100～150kPa。

5 注浆压力分为同步注浆压力和二次注浆压力。同步注浆压力按浆液浮力与注浆孔处的三角形分布压力之和计算，二次注浆压力按三角形分布压力荷载。同步注浆和二次注浆的三角形分布压力应按实际施工参数取值，当无参考数据时，三角形峰值荷载压力可取为0.3～0.4MPa。

6 冻胀力、膨胀力按相关规范确定。

7 衬砌环缝面不平整引起的附加荷载应根据管片制造精度、拼装精度、接缝传力方式、千斤顶推力等因素综合确定。

8 相邻盾构隧道施工相互影响应根据隧道净距、施工参数、地质条件等因素综合确定。

条文说明

由于管片制作尺寸误差不可避免，设计中应考虑环缝面不平整对管片结构受力的影响。由环缝面不平整产生的纵向不均匀接触荷载与管片制造精度、拼装精度、接缝传力方式、千斤顶推力等因素有关，既可能是施工荷载，也可能是使用阶段的一个可变荷载，在施工阶段和运营阶段均需要考虑其影响。该荷载会在管片内产生纵向弯矩，与管片横向内力组合后，使管片形成双向偏压构件。

6.3.4 偶然荷载作用：

1 人防荷载应按现行国家标准《人民防空工程设计规范》（GB 50225）的相关规定计算确定。

2 地震荷载应按现行国家和行业标准《建筑抗震设计规范》（GB 50011）、《地下结构抗震设计标准》（GB/T 51336）、《城市轨道交通结构抗震设计规范》（GB 50909）、《公路隧道抗震设计规范》（JTG 2232）等相关规范确定。

3 沉船及抛锚荷载应根据所穿越水域的通航等级及相关规范进行确定。

6.3.5 荷载（效应）组合及组合值系数应符合下列规定：

1 结构设计中，应根据施工阶段、使用阶段在结构上可能同时出现的荷载，按承载能力极限状态和正常使用极限状态分别进行荷载组合，并应取各自最不利的组合进行设计。

2 对于承载能力极限状态，应按荷载基本组合或偶然组合计算荷载组合的效应设计值，并应采用下式进行计算：

$$\gamma_0 S_d \leqslant R_d \tag{6.3.5-1}$$

式中：γ_0——结构重要性系数，取1.1；在抗震设计中，不考虑结构构件的重要性系数；

S_d——荷载组合的效应设计值；

R_d——结构构件抗力的设计值，应按现行国家及行业相关规范确定。

3　由永久荷载控制的效应设计值 S_d，应按下式进行计算：

$$S_d = \sum_{j=1}^{m} \gamma_{G_j} S_{G_j k} + \sum_{j=1}^{n} \gamma_{Q_i} \gamma_{L_i} \psi_{C_i} S_{Q_i k} \tag{6.3.5-2}$$

式中：γ_{G_i}——第 j 个永久荷载的分项系数，当永久荷载效应对结构不利时取 1.3，当永久荷载效应对结构有利时不应大于 1.0；

γ_{Q_i}——第 i 个可变荷载的分项系数，应取 1.5；

γ_{L_i}——第 i 个可变荷载考虑结构设计使用年限的荷载调整系数，设计年限 50 年时取 1.0，设计年限 100 年时取 1.1；

$S_{G_j k}$——按第 j 个永久荷载标准值 G_{jk} 计算的荷载效应值；

$S_{Q_i k}$——按第 i 个可变荷载标准值 Q_{ik} 计算的荷载效应值；

ψ_{C_i}——第 i 个可变荷载 Q_{ik} 的组合值系数，按相关规范取值；

m——参与组合的永久荷载数；

n——参与组合的可变荷载数。

4　荷载偶然组合的效应设计值可按下式进行计算：

$$S_d = \sum_{j=1}^{m} S_{G_j k} + S_{A_d} + \psi_{f_1} S_{Q_1 k} + \sum_{i=2}^{n} \psi_{Q_i} S_{Q_i k} \tag{6.3.5-3}$$

式中：S_{A_d}——按偶然荷载标准值 A_d 计算的荷载效应值；

ψ_{f_1}——第 1 个可变荷载的频遇值系数；

ψ_{Q_i}——第 i 个可变荷载的准永久值系数。

5　对于正常使用极限状态，荷载标准组合、荷载频遇组合和荷载准永久组合的效应设计值 S_d 应分别按下列公式确定：

$$S_d \leqslant C \tag{6.3.5-4}$$

式中：C——结构或结构构件达到正常使用要求的规定限值，例如变形、裂缝、振幅、加速度、应力等的限值，应按现行国家标准《混凝土结构设计规范》（GB 50010）和《钢结构设计标准》（GB 50017）有关规定采用。

荷载的组合效应值应符合下列规定：

1）荷载标准组合的效应设计值 S_d

$$S_d = \sum_{j=1}^{m} S_{G_j k} + S_{Q_1 k} + \sum_{i=2}^{n} \psi_{C_i} S_{Q_i k} \tag{6.3.5-5}$$

2）荷载频遇组合的效应设计值 S_d

$$S_d = \sum_{j=1}^{m} S_{G_j k} + \psi_{f_1} S_{Q_1 k} + \sum_{i=2}^{n} \psi_{q_i} S_{Q_i k} \tag{6.3.5-6}$$

3）荷载准永久组合的效应设计值 S_d

$$S_d = \sum_{j=1}^{m} S_{G_j k} + + \sum_{i=1}^{n} \psi_{q_i} S_{Q_i k} \tag{6.3.5-7}$$

注：组合中的设计值仅适用于荷载与荷载效应为线性的情况。

3）机电设备及调压（减泄压）、闸（阀）门设置情况。

4）水工建筑物的类型、结构形式、基础形式、衬砌情况、运营年限。

5　对于架空高压线塔（杆），主要调查电压等级、悬高、走廊宽度、高压线塔（杆）基础形式、埋置深度，以及电缆与隧道的交汇点坐标。

6　水下障碍物，包括影响盾构施工的水下沉船、空洞、古井、遗留桩基、锚杆、钻具等。

7　水下文物，包括盾构施工影响范围内的遗存于水域的具有历史、艺术和科学价值的人类文化遗产的文物规模、文物类型及分布位置。

条文说明

可行性研究阶段对建（构）筑物的调查主要为线位选择服务，调查的内容主要包括各种建（构）筑物的平面分布情况，并初步了解建（构）筑物基础的类型，评价其对方案的影响。初步设计及施工图阶段线位已经基本稳定，此阶段的调查着重于建（构）筑物的细部调查，如基础类型，桩的大小、布置形式、间距、长短分布情况等，此时的调查主要是为工程设计及施工服务。

5 工程测量

5.1 一般规定

5.1.1 盾构法水下交通隧道工程测量应采用基于2000国家大地坐标系（CGCS2000）的参考椭球或所在城市测量基准的工程独立坐标系，根据水下交通隧道种类及用途确定投影长度变形值。

5.1.2 盾构法水下交通隧道工程平面控制网可采用GNSS卫星定位和边角网等控制测量方法，根据水下交通隧道规划布局、建设步骤和工程建设要求进行设计，并分等级布设；根据工程需要可分为一等、二等、三等、四等；洞内导线控制测量平面控制网精度等级可分为二等、三等和四等。卫星定位控制网及边角控制网测量的主要技术要求见表5.1.2。

表5.1.2 卫星定位控制网及边角控制网测量的主要技术要求

测量部位	测量方法	测量等级	隧道长度L_0（km）	洞外定向边/导线边长度（m）
洞外	GNSS测量	一等	$8 \leqslant L_0 < 20$	≥400
		二等	$4 \leqslant L_0 < 8$	≥350
		三等	$2 \leqslant L_0 < 4$	≥300
		四等	$L_0 < 2$	≥250
洞内	边角测量	二等	$8 \leqslant L_0 < 20$	≥400
		三等	$4 \leqslant L_0 < 8$	≥350
		四等	$L_0 < 4$	≥300

条文说明

目前全球卫星导航定位系统包含美国的卫星导航系统GPS、中国的北斗卫星导航系统BDS、俄罗斯的格洛纳斯全球卫星导航系统GLONASS、欧洲的伽利略卫星导航系统GALILEO，因此本规程采用卫星定位GNSS控制测量概念，代替单一的GPS测量。

随着全站仪的普及，目前单一的测角网或者测边网已很少使用，地面平面控制网大多采用边角同步观测的形式，所以使用全站仪边角同步观测的网统称为边角平面控制网。

根据水下交通隧道工程类型及工程规模，卫星定位控制网主要用于框架控制网的测量。当水下交通隧道长度大于20km时，洞内导线宜进行专项方案设计，增加高精度陀螺定向观测值参与平差计算，当现场条件允许时宜通过人工岛、水下竖井增加竖井定向观测值。

5.1.3 盾构法水下交通隧道工程高程控制测量等级划分为二等、三等。各等级高程控制网的技术要求宜按表5.1.3的规定执行。困难条件下，水准路线长度可酌情放宽，但应符合现行国家标准《国家一、二等水准测量规范》（GB 12897）和《国家三、四等水准测量规范》（GB 12898）的规定。

表5.1.3 各等级高程控制网的技术要求

水准测量等级	每千米高差中数偶然中误差 M_{Δ}（mm）	每千米高差中数全中误差 M_W（mm）	附合路线或环线周长的长度（km）	
			附合路线长	环线周长
二等	≤1	≤2	≤100	≤150
三等	≤3	≤6	≤75	≤100

注：当隧道长度大于8km时，应针对项目特性进行专项设计。

5.1.4 盾构法水下交通隧道工程测量的高程系统宜采用1985国家高程基准或所在城市的高程系统，当采用所在城市的高程系统时应与1985国家高程进行联测。

5.1.5 盾构法水下交通隧道工程测量应采用三维激光扫描技术对管片进行测量，对管片断面、错台、限界、结构病害等进行检测，形成标准化成果。

5.1.6 盾构法水下交通隧道工程测量对三维扫描数据和成果应进行规范化管理，三维数据应满足BIM三维模型的数据格式要求，为BIM运维阶段提供服务。

5.2 平面控制测量

5.2.1 平面控制网布设应符合下列规定：

1 平面控制网布设应遵循因地制宜、经济合理、确保质量的原则，实现工程控制的目的。平面控制网应与国家、城市、相邻工程坐标系统联测，满足设计转换的需求，联测前进行联测方案设计。

2 平面控制网的精度等级，应根据水下交通的工程类型、工程规模、控制网的用途和要求合理确定。

3 增设或补设控制点可司精度内插。

5.2.2 采用GNSS建立的卫星定位控制网测量的精度等级划分及主要技术指标应符合表5.2.2的规定。

表 5.2.2 卫星定位控制网测量的主要技术要求

等级	固定误差 a（mm）	比例误差系数 b（mm/km）	约束平差后最弱边方位角中误差（″）	约束点间精度		约束平差后最弱边边长相对中误差
				方位角中误差（″）	边长相对中误差	
一等	≤5	≤1	—	—	1/500 000	1/250 000
二等	≤5	≤2	1.3	0.9	1/250 000	1/180 000
三等	≤5	≤3	1.7	1.3	1/180 000	1/100 000
四等	≤6	≤4	2.0	1.7	1/150 000	1/70 000

注：当边长短于500m时，一等、二等、三等边长中误差应小于5mm，四等边长中误差应小于7.5mm。

条文说明

采用全球导航卫星系统（GNSS）建立的卫星定位控制网的精度分级是在充分考虑卫星测量精度高，布网灵活性强，相邻等级网的布网方法、测量方法和观测时间没有太大差异的前提下，根据水下交通工程对测量精度的需要和卫星测量网带状布设，长、短边边长悬殊大等特点并参考现行行业标准《铁路工程测量规范》（TB 10101）划分的。

（1）关于GNSS测量中固定误差 a 与比例误差系数 b

综合现行国家标准《工程测量规范（附条文说明）》（GB 50026）及卫星定位测量实践经验，固定误差 a 与比例误差系数 b 应随精度等级变化而制定，而不应只考虑仪器的标称精度。

（2）关于约束平差后基线边方位角中误差和最弱边边长中误差的确定结合现行行业标准《铁路工程测量规范》（TB 10101）逐级控制的原则进行制定。

（3）最弱边方位角中误差一般均指约束平差后的精度情况，所以表中进一步予以明确名称为约束平差后最弱边方位角中误差。

（4）由于GNSS测量存在固定误差，对于短基线很难满足基线边方位角中误差及约束平差后最弱边边长相对中误差要求。因此，对于短于500m的基线，按“一等、二等、三等边长中误差应小于5mm，四等边长中误差应小于7.5mm”的要求执行，不需再满足基线边方位角中误差及约束平差后最弱边边长相对中误差要求。

（5）一等、二等控制网对应现行行业标准《铁路工程控制测量》（TB 10106）中一等、二等控制网，适用于特长大水下隧道；三等控制网对应现行国家及行业标准《城市轨道交通工程测量规范》（GB/T 50308）和《公路勘测规范》（JTG C10）中二等控制网；四等控制网对应现行国家标准《工程测量规范》（GB 50026）中三等控制网，应用于隧道长度较短的情况。

5.2.3 卫星定位控制网设计应符合下列规定：

1 应根据水下交通隧道建设规划方案，收集线路沿线现有控制网的基础测绘资料。

2　控制网测量方案应根据用途、预期精度、作业时卫星的可见性、成果的可靠性和参加作业的接收机台数等条件进行卫星定位控制网设计。

3　每个控制点应分别通过独立基线与至少两个相邻点连接。控制网应由一个或若干个独立观测环构成，各等级控制网同步图形之间的连接应采用边联式或网联式，宜布设成大地四边形网。

4　控制网应在隧道出入口、竖井等构筑物附近设置控制点，在线路交叉和分期建设的线路衔接处应布设2个以上的重合控制点。

5.2.4　卫星定位控制网的选点应符合下列规定：

1　控制点应选在施工变形影响区域以外利于长久保存、施测方便、便于扩展和联测的地方。

2　当利用已有城市控制点时，其标石应稳定、完好。

3　建筑上的控制点应选在便于联测的楼顶承重结构上。

4　控制点应避开多路径效应影响，附近不应有大面积的水域或对电磁波反射（或吸引）强烈的物体。

5　控制点与无线电发射装置和高压输电线的间距应分别大于200m和50m。

6　控制点周围应视野开阔，便于扩展，视场内障碍物的高度角不宜大于15°。

5.2.5　卫星定位控制点应埋设永久标石，作为进洞口后视点及设站点时，宜埋设强制观测墩。

5.2.6　洞口和竖井附近建筑楼顶上的常用卫星定位控制点宜建造强制对中照准标志。

5.2.7　卫星定位控制网观测，应符合下列规定：

1　天线整平、对中后的对中误差应小于2mm。

2　每时段观测前、后量取天线高各一次，两次互差应小于3mm，并应取其两次平均值作为最后结果。

3　观测时在测站不宜使用手机和对讲机。

4　当遇雷电天气时，应停止观测。观测期间天气出现变化，应进行记录。

5　作业时，应按作业计划规定的时间开机。观测开始后，应记录或输入有关数据并随时检查卫星信号和信息存储情况。

6　每日观测结束后，应及时将存储介质上的数据进行拷贝，并将外业观测记录结果当天录入计算机进行数据处理。

5.2.8　卫星定位控制网数据处理，应符合下列规定：

1　卫星定位控制网测量作业的基本技术要求应符合表5.2.8规定。

表 5.2.8　卫星定位控制网测量作业的基本技术要求

等级项目		一等	二等	三等	四等
接收机类型		双频	双频	双频	双频
接收机标称精度		$5mm+1\times10^{-6}\times D_L$			$5mm+1\times10^{-6}\times D_L$
静态测量	卫星高度角（°）	≥15	≥15	≥15	≥15
	有效卫星数	≥4	≥4	≥4	≥4
	有效时段长度（min）	≥240	≥90	≥60	≥45
	观测时段数	≥4	≥2	≥1	≥1
	数据采样间隔（s）	10～20	10～20	10～20	10～20
	PDOP 或 GDOP	≤6	≤6	≤8	≤10

注：表中D_L为基线长度，PDOP 为位置精度因子，GDOP 为几何精度因子。

2　卫星定位控制网的基线质量应符合现行国家标准《全球定位系统（GPS）测量规范》（GB 18314）和《工程测量规范（附条文说明）》（GB 50026）的规定。

3　基线质量检核符合要求后，应以三维基线向量及其方差－协方差阵作为观测信息，以一个点的 CGCS2000 或 WGS-84 坐标系的三维坐标为起算数据，进行控制网三维无约束平差，并提供空间直角坐标、基线向量及其改正数和精度信息。无约束平差的基线向量改正数绝对值应按下列公式计算：

$$V_{\Delta X}\leqslant 3\sigma \tag{5.2.8-1}$$

$$V_{\Delta Y}\leqslant 3\sigma \tag{5.2.8-2}$$

$$V_{\Delta Z}\leqslant 3\sigma \tag{5.2.8-3}$$

式中：$V_{\Delta X}$——基线向量 X 方向改正值；

$V_{\Delta Y}$——基线向量 Y 方向改正值；

$V_{\Delta Z}$——基线向量 Z 方向改正值；

σ——基线长度中误差（mm）。

4　三维无约束平差合格后，应对控制网进行三维约束平差或二维约束平差。三维约束平差后基线向量各分量改正数与无约束平差同一基线改正数较差的绝对值应按下列公式计算：

$$\mathrm{d}V_{\Delta X}\leqslant 2\sigma \tag{5.2.8-4}$$

$$\mathrm{d}V_{\Delta Y}\leqslant 2\sigma \tag{5.2.8-5}$$

$$\mathrm{d}V_{\Delta Z}\leqslant 2\sigma \tag{5.2.8-6}$$

条文说明

观测时段数 1～2 是指至少 50% 的控制点观测 2 个时段。观测时段长度进一步明确为有效时段长度，即保证所有 GNSS 接收机同步同时观测时间的长度。

通过 GNSS 基线网三维无约束平差，检查 GNSS 控制网测量的内符合精度。三维无约束平差相关精度指标合格后，才能进行约束平差。为了保证控制网约束平差的精度，在约束平差前约束点间精度的兼容性检查是应做的检核。

5.2.9 导线可布设成附合导线、闭合导线、导线网，各等级导线测量的主要技术要求应符合表5.2.9的规定。

表5.2.9 导线测量的主要技术要求

等级	测角中误差（″）	测距相对中误差	方位角闭合差（″）	导线全长相对闭合差	方向观测测回数		
					0.5″级仪器	1″级仪器	2″级仪器
二等	1.0	1/250 000	$\pm 2\sqrt{n}$	1/100 000	6	9	—
三等	1.8	1/150 000	$\pm 3.6\sqrt{n}$	1/55 000	4	6	10
四等	2.5	1/100 000	$\pm 5\sqrt{n}$	1/40 000	3	4	6

注：1 表中n为闭合路线或附合路线测角个数。
2 当边长短于500m时，三等、四等边长中误差分别应小于3mm、5mm。

5.2.10 各等级边角网测量的主要技术要求应符合表5.2.10的规定。

表5.2.10 边角网测量的主要技术要求

等级	测角中误差（″）	测距相对中误差	内角和闭合差（″）	最弱边边长相对中误差	方向观测测回数		
					0.5″级仪器	1″级仪器	2″级仪器
二等	1	1/250 000	±3.5	1/120 000	6	9	—
三等	1.8	1/150 000	±7	1/70 000	4	6	10
四等	2.5	1/100 000	±9	1/40 000	3	4	6

注：当边长短于500m时，三等、四等边长中误差分别应小于3mm、5mm。

条文说明

（1）结合水下交通隧道工程建设和运营维护需求，定义采用全站仪进行边角同测的控制网为边角控制网，包含导线、三角形网和自由测站边角交会网。所谓三角形网，是指基本网形为三角形，对三角形网中的水平方向和距离进行测量的平面控制网。自由设站边角交会网是指在任一点上架设全站仪，对布设在线路两侧的控制点进行距离、水平方向和竖直角的观测，构成边角交会网形。

（2）三角形网的测量精度等级及其主要技术要求参照现行国家标准《工程测量规范（附条文说明）》（GB 50026）的规定制定。

（3）随着智能型全站仪的普及，一次照准水平方向和距离同测的方式已代替原单一的全圆水平方向观测法，因此本规范引入全圆水平方向距离观测法的概念，代替原来的全圆水平方向观测法。

不管是在外业测量还是内业数据处理，传统的水平角观测值已几乎不用，因此本规范均采用水平方向观测值。

全圆方向距离观测法的技术要求引自现行国家标准《工程测量规范（附条文说明）》（GB 50026），并根据需要增加了0.5″级仪器的技术要求。

5.2.11 导线的相邻边长不宜相差过大，相邻短边与长边的边长之比不宜小于1∶3。

5.2.12 导线的水平方向和距离观测应采用全站仪全圆方向距离观测法，水平方向观测应在通视良好、成像清晰稳定时进行，并符合表5.2.12的规定。

表5.2.12 水平方向观测的主要技术要求

等　级	仪器等级	半测回归零差（″）	同一测回内各方向2C互差（″）	同一方向各测回方向值互差（″）
四等及以上	0.5″	4	8	4
	1″	6	9	6
	2″	8	13	9

注：当同一测站观测的各个方向的垂直角超过±3°的范围时，2C互差应按各测回同方向进行比较，其值应满足表中同一测回内各方向2C互差的限值。

5.2.13 导线水平方向观测误差超限时，应进行重测，并应符合下列规定：

1　同一测回内2C互差或同一方向值各测回较差超限时，应重测超限方向，并联测零方向。

2　下半测回归零差或零方向的2C互差超限时，应重测该测回。

5.2.14 当导线网的闭合环和附合路线总数≥20个时，水平角观测的测角中误差应按下式计算：

$$m_\beta = \sqrt{\frac{1}{N_k}\left(\frac{f_\beta}{n_k}\right)} \tag{5.2.14}$$

式中：m_β——测角中误差（″）；

f_β——导线环角度闭合差或附合导线的方位角闭合差（″）；

N_k——导线环及附合导线的个数；

n_k——计算f_β时的角度个数。

5.2.15 导线控制网的距离应进行往返测，自由测站边角交会网的距离可只进行单程测量，距离测量精度指标应符合现行国家标准《中、短程光电测距规范》（GB 16818）的规定。

5.2.16 水平距离计算应符合下列规定：

1　测量的斜距经气象改正和仪器的加、乘常数等改正后才能进行水平距离计算。

2　水平距离宜按下列公式计算：

$$D_{\mathrm{p}} = S_0 \cdot \cos(\alpha + f) \tag{5.2.16-1}$$

$$f = (1 - k)\frac{S \cdot \cos\alpha}{2R_{\mathrm{m}}}\rho \tag{5.2.16-2}$$

式中：D_{p}——测距边的水平距离（m）；

S_0——经气象及加、乘常数等改正后的斜距（m）；

α——垂直角观测值；

f——地球曲率与大气折光对垂直角影响的改正值；

k——当地的大气折光系数；

ρ——常数，为206 265"；

R_m——地球平均曲率半径（m），一般取6 371 000m。

条文说明

本条规定给出的水平距离计算公式（5.2.16-1）计算的测距边水平距离是测距边两端平均高程面上的水平距离，应用该公式计算的往、返测的平距可以直接比较，往、返测平距较差小于限差要求时，取其平均值，再按要求归化到平均高程面和参考椭球面上。而现行国家标准《中、短程光电测距规范》（GB 16818）给出的水平距离计算公式是测距边在测站端高程面上的水平距离。因此，采用该公式分别计算的测距边的往、返测平距是不能直接比较的，因为往返测的平距不是同一个高程面上的平距。

5.2.17 测距边的精度评定，应按本规程式（5.2.17-1）和式（5.2.17-2）计算：

1 单位权测距中误差计算

$$\mu=\sqrt{\frac{Pdd}{2n_p}} \tag{5.2.17-1}$$

式中：μ——单位权测距中误差（mm）；

P——各边距离测量的先验权，其值为$1/\sigma_D^2$，σ_D^2为测距的先验中误差，可按测距仪的标称精度计算；

d——各边往返测平距的较差（mm）；

n_p——测距的边数。

2 任一边的实际测距中误差计算

$$m_{D_i}=\mu\sqrt{\frac{1}{P_i}} \tag{5.2.17-2}$$

式中：m_{D_i}——第i边的实际测距中误差（mm）；

P_i——第i边距离测量的先验权。

5.2.18 边角控制网测量外业观测记录、内业成果计算和整理应按下列规定执行：

1 观测工作结束后，应及时整理和检查外业观测手簿或外业电子记录数据，确认观测成果全部符合规定后，方可进行计算。

2 测距边长的应进行归化投影计算。

条文说明

（1）归算到工程独立坐标系投影高程面上的测距边长度，应按下式计算：

$$D_1 = D_0\left(1 + \frac{H_0 - H_m}{R_A}\right) \quad （说明 5.2.18-1）$$

式中：D_1——归算到投影高程面上的测距边长度（m）；

D_0——测距边两端平均高程面上的平距（m）；

H_0——工程独立坐标系投影面高程（m）；

H_m——测距边两端点的平均高程（m）；

R_A——参考椭球体在测距边方向的法截弧曲率半径（m）。

（2）测距边在工程高斯投影面上的长度，应按下式计算：

$$D_2 = D_1\left(1 + \frac{Y_m^2}{2R_m^2} + \frac{(\Delta y)^2}{24R_m^2}\right) \quad （说明 5.2.18-2）$$

式中：D_2——测距边在工程高斯投影面上的长度（m）；

Y_m——测距边中点至中央子午线的距离（m）；

Δy——测距边两端点横坐标增量（m）；

R_m——测距边中点处在参考椭球面上的平均曲率半径（m）。

本条给出了测距长度归化到不同投影面上的计算公式。在实际计算时，根据设计的工程独立坐标系选择不同参数代入公式计算对应的水平距离，所以最终参与平差的水平距离是测距边在工程高斯投影面上的长度。

5.2.19 边角控制网应在外业各项限差满足要求后，采用严密平差法平差。水平方向和距离的权比关系可采用常规方法或方差分量估计方法确定，并应提供单位权中误差、测角中误差、点位中误差、边长相对中误差、相邻点相对点位中误差、点位误差椭圆参数和相对点位误差椭圆参数等精度信息。在提交的成果报告中应注明定权方式，以便计算复核或复测使用。

条文说明

本规程中规定边角网平差计算都采用严密平差，主要是考虑到目前边角网计算一般都用商业平差软件计算，这些软件的边角网平差都是严密平差。

本条列出了边角网平差后应输出的一些必要的精度信息，需要时，作业者还可以根据实际情况增加更细致的精度信息。

5.2.20 成果资料整理应遵循以下要求：

1 观测和计算成果应做到记录真实、注记明确、格式统一，并装订成册归档管理。

2 原始观测记录在现场记录清楚，不得涂改或补记。手簿应编列页码，注明观测日期、气象条件、使用的仪器类型和编号，详细记载作业过程的特殊情况，并由作业者签署。

3 GNSS 平面控制测量数据取位应按表 5.2.20-1 的要求执行。

表 5.2.20-1　GNSS 平面控制测量数据取位要求

控制网等级	基线向量（mm）	点位中误差（mm）	点位坐标（mm）
一等	0.1	0.1	0.1
二等	0.1	0.1	0.1
三等	0.1	0.1	0.1
四等	1	1	1

4　导线（网）测量数据取位应按表 5.2.20-2 的要求执行。

表 5.2.20-2　导线（网）测量数据取位要求

控制网等级	水平方向观测值（″）	水平距离观测值（mm）	方向改正数（″）	距离改正数（mm）	点位中误差（mm）	点位坐标（mm）
二等	0.01	0.1	0.01	0.1	0.1	0.1
三等、四等	0.1	0.1	0.1	0.1	0.1	1

5.2.21　水下交通隧道工程平面控制测量完成后，应提交下列成果资料：

1　技术设计书。

2　外业测量观测手簿、原始观测数据。

3　平差计算报告。

4　平面控制点点之记。

5　平面控制点坐标成果表。

6　平面控制网联测示意图。

7　平面控制网测量技术总结报告。

8　以上资料的电子文档。

5.3　高程控制测量

5.3.1　水下交通隧道工程高程控制网按照功能分为洞外线路水准基点控制网和隧道内高程控制网，各等级高程控制网采用每千米高差中数偶然中误差、每千米高差中数的全中误差的精度等应符合现行国家标准《国家一、二等水准测量规范》（GB 12897）和《国家三、四等水准测量规范》（GB 12898）。

5.3.2　当水准路线跨越江、河、湖、海，视线长度不超过 100m 时，可采用一般方法进行观测，但在测站上应变换仪器高度两次，两次高度之差不大于 1.5mm，取两次结果的中数。若视线长度超过 100m 时，应根据视线长度和仪器设备等情况按表 5.3.2 中的规定确定。

表 5.3.2 跨河水准测量方法选用

序　号	观 测 方 法	跨距（m）
1	水准测量法	≤100
2	精密光电测距三角高程法	100～1 500
3	GNSS 测量法	≥1 500

条文说明

跨河距离超过上表规定时，采用的方法和要求应根据测区条件进行专项设计。当盾构隧道贯通后，应沿隧道内水准路线进行水准观测，并将水准仪观测成果与贯通前水准成果进行比较、分析，确认贯通后隧道高程成果取值以便后续施工及运营维护使用。

5.3.3 各等级水准测量限差要求，应符合表 5.3.3 的规定。

表 5.3.3 水准测量限差要求（mm）

水准测量等级	测段、路线往返测高差不符值	测段、路线的左右路线高差不符值	附合路线或环线高差闭合差（平原地区）	检测已测测段高差之差
二等	$\pm 4\sqrt{K}$	—	$\pm 4\sqrt{L}$	$\pm 6\sqrt{R1}$
三等	$\pm 12\sqrt{K}$	$\pm 8\sqrt{K}$	$\pm 12\sqrt{L}$	$\pm 20\sqrt{R1}$

注：K 为测段水准路线长度，L 为水准路线长度，$R1$ 为检测测段长度，均以 km 计。

5.3.4 各等级水准测量测站限差要求，应按表 5.3.4 的规定执行。

表 5.3.4 水准观测的主要技术要求

等级	水准仪最低型号	水准尺类型	视距（m）		前后视距差（m）		测段的前后视距累积差（m）		视线高度（m）		数字水准仪重复测量次数
			光学	数字	光学	数字	光学	数字	光学	数字	
二等	DS1	铟瓦	≤50	≥3 且≤50	≤1.0	≤1.5	≤3.0	≤6.0	≥0.3	≤2.8 且≥0.55	≥2 次
三等	DS1	铟瓦	≤100	≤100	≤2.0	≤3.0	≤5.0	≤6.0	三丝能读数	≥0.35	≥1 次

5.3.5 新购置的水准仪、水准标尺应进行全面检验。检验项目、方法和要求应按现行国家标准《国家一、二等水准测量规范》（GB/T 12897）和《国家三、四等水准测量规范》（GB 12898）中的有关规定执行。

5.3.6 DS_{05}、DS_1 水准仪 i 角误差应小于 15″，i 角误差检测应符合下列规定：

1 使用光学水准仪时，每天检校一次 i 角，在作业开始第一周内若 i 角较为稳定，以后每隔 15 天检校 1 次。

2　使用数字水准仪时，作业期间每天应在作业前进行 i 角测定。

条文说明

DS_{05}表示标称精度为 0.5mm/km 的水准仪，DS_1表示标称精度为 1.0mm/km 的水准仪。

5.3.7　测段往返测高差不符值超限，应先就可靠程度较小的测段往测或返测进行整段重测，并按下列原则取舍：

1　若重测的高差与同方向原测高差的不符值超过往返测高差不符值的限差，但与另一单程高差的不符值不超出限差，则取用重测结果。

2　若同方向两高差不符值未超出限差，且其中数与另一单程高差的不符值亦不超出限差，则取同方向中数作为该单程的高差。

3　若 1 中的重测高差（或 2 中两同方向高差中数）与另一单程的高差不符值超出限差，应重测另一单程。

4　若超限测段经过两次或多次重测后，出现同向观测结果靠近而异向观测结果间不符值超限的分群现象时，如果同方向高差不符值小于限差之半，则取原测的往返高差中数作为往测结果，取重测的往返高差中数作为返测结果。

5.3.8　水准测量的数据处理，应按下列规定执行：

1　三等及以上水准测量结束后，应以测段往返测高差不符值，按式（5.3.8-1）计算每千米高差偶然中误差 M_Δ。当高程控制网的附合路线或环线个数超过 20 个时，还应以附合或环线高差闭合差，按式（5.3.8-2）计算每千米高差全中误差 M_w。

$$M_\Delta = \sqrt{\frac{1}{4n_i}\left(\frac{\Delta\Delta}{L}\right)} \tag{5.3.8-1}$$

$$M_w = \sqrt{\frac{1}{4N_i}\left(\frac{WW}{L}\right)} \tag{5.3.8-2}$$

式中：Δ——测段往返测高差不符值（mm）；

L——测段长或环线长（km）；

n_i——测段数；

W——附合或环线高差闭合差（mm）；

N_i——水准路线环数。

2　水准测量应在全线外业测量结束和各项技术指标达到要求后采用严密平差方法进行整体平差，并进行精度评定。

5.3.9　跨河长度大于 100m 时，应进行跨河水准测量。跨河水准测量可采用测距三角高程法或 GNSS 测量法，其技术要求应符合现行国家标准《国家一、二等水准测量规范》（GB 12897）的规定。应使用标称精度不低于于 5mm ± 1ppm 的双频 GNSS 接收机，全站仪应具有自动目标搜索、自动照准、自动观测功能，仪器标称精度不应低于0.5″、$1\text{mm}+2\times10^{-6}\times D_L$。

5.3.10 采用测距三角高程法进行跨河水准测量时，场地的选定与布设应符合下列要求：

1 应选用测线附近，利于布设工作场地与观测的较窄河段处。

2 跨河视线不得通过草丛、干丘、沙滩的上方。

3 当跨河视线长度小于300m时，视线高度不应低于2m；大于500m时，应不低于$4\sqrt{S}$m，应埋设牢固的标尺桩，并建造稳固的观测台或标架。

4 两岸仪器至水边的一段距离，应大致相等，其地貌、土质、植被等也应相似，仪器位置应选在开阔、通风之处，不应靠近墙壁及土、石、砖堆等。

5 过河视线方向，宜避免正对日照方向，困难时可适当增大视线长度，或采用标灯测光。

6 布设水准测量场地，应使两岸仪器及标尺点构成平行四边形、等腰梯形或大地四边形。

条文说明

S为跨河视线长度千米数，水位受潮汐影响时，按最高潮位计算。

5.3.11 精密光电测距三角高程测量观测时应采用两台全站仪同时对向观测，不量取仪器高和觇高程，观测距离不宜大于500m，最长不应超过3 500m。

5.3.12 精密光电测距三角高程测量的主要技术要求应符合表5.3.12的规定。

表5.3.12 精密光电测距三角高程测量主要技术要求

等级	边长（m）	测 回 数	指标差较差（″）	测回间垂直角较差（″）	测回间测距较差（mm）	测回间高差较差（mm）
二等	≤100	2	±5	±5	±3	$\pm4\sqrt{S}$
	100～500	4				
	500～800	6				
	800～1 000	8				

注：S为视线长度，单位为km。

条文说明

随着仪器精度的提高，多年来实践经验已经验证精密光电测距三角高程可以完成二等及以下的高程控制测量。在操作中需要同时进行对向观测，减少或削弱地球曲率和大气折光的影响。

5.3.13 采用测距三角高程法进行跨河水准测量时，观测中应符合下列要求：

1 测距三角高程观测宜在风力微和、气温变化较小的阴天进行，当雨后初晴和大气折射变化较大时，均不宜观测。

2 观测开始前30min，应先将仪器置于露天阴影下，使仪器与外界气温趋于一致。观测时应遮蔽阳光。

3 晴天观测上午应在日出后1h起至太阳中天前2h止；下午自中天后2h至日落前1h为止。但可根据地区、季节、气候等情况适当变通。阴天只要是呈像清晰、稳定即可进行观测。有条件也可在夜间进行观测，日落后1h起至日出前1h止，时间段以地方时零点分解，零点前为初夜，零点后为深夜。

4 一测回的观测完成后，应间歇15～20min，再开始下一测回的观测。

5 两台仪器对向观测时，应使用通信设备，使两岸同一测回的观测，能做到同时开始与结束。

6 水准测量取用的全部测回数，上、下午应各占一半。

7 观测开始时，应对两岸的普通水准标石（或固定点）与标尺间，进行一次往返测，作为检测标尺点有无变动的基准。每日工作开始前，均应单程检测一次，并应符合检测限差。如确认标尺点变动，应加固标尺点，重新进行跨河水准观测。

5.3.14 GNSS测量高程宜与GNSS平面控制测量一起进行，适用于高程异常变化平缓地区。

5.3.15 采用GNSS高程测量法进行水准测量应符合国家现行标准《国家一、二等水准测量规范》（GB/T 12897）的有关规定。

5.3.16 GNSS高程转换可采用几何拟合法、基于似大地水准面模型精化的高程异常拟合法和高程异常差拟合法等，数据处理符合下列要求：

1 当采用拟合方法求解高程值时，应在测区周围和测区内联测四等及以上水准点。联测点数应大于选用计算模型中未知参数的个数。

2 根据路线大致走向、水准点的分布划分拟合区域，分段求取高程拟合参数。每个拟合区的路线长度宜控制在50 km以内。

3 应选择多种拟合模型进行高程拟合，并用未参与建模的水准点检验拟合的效果，选择最佳拟合结果作为最终成果。利用求得的GNSS点间的正常高程差，在已知点间组成高程附合或闭合路线。

5.3.17 成果资料整理应符合下列规定：

1 各级高程控制网外业工作结束后，应进行观测数据质量检核。

2 高程控制测量数据取位应符合条文说明中的规定。

3 高程控制测量完成后，应提交下列成果资料：

1）技术设计书。

2）外业观测手簿及仪器鉴定证书。

3）外业高差各项改正数计算资料。

4）测量平差报告。

5）高程成果表。

6）水准点点之记。

7）水准路线联测示意图。

8）技术总结报告。

9）以上资料的电子文档。

5.4 水下地形测绘

5.4.1 水域段盾构隧道应进行水下地形测量，测量结束后应绘制水下地形图。

5.4.2 水下地形测绘时应收集下列资料：

1 水系范围、防洪水位、通航要求、流速、水工建筑的地基情况。

2 既有水下地形测绘资料。

5.4.3 水下地形测绘可采用断面法或散点法，断面和测深点布设应符合下列规定：

1 采用断面法时，断面宜垂直于岸线，断面间距宜为图上20mm，断面上测深点间距宜为图上10mm，断面的起、终点应起闭两岸布设的线路纵断面点。

2 采用散点法时，测深点间距宜为图上10～30mm。

5.4.4 进行水下地形测量时，水面坡度图纵向比例尺为1∶50～1∶1 000，横向比例尺1∶500～1∶20 000；水文断面纵向比例尺为1∶50～1∶500，横向比例尺为1∶1 000～1∶10 000；河道地形图比例尺一般为1∶1 000～1∶10 000。

1 水下地形测绘定位可采用前方交会法、极坐标法、GNSS RTK等方法，点位误差在图上不应超过±2mm。

2 浅水区域测深点的高程可采用电磁波三角高程法直接测量。其他水域可采用测深杆、测深仪、测深锤等测深设备，测深设备在测量前应进行检校、检验；深水区域，宜采用遥控测量船搭载测深仪进行无人水下地形测绘。

3 水下地形测绘精度要求应符合现行国家标准《城市轨道交通工程测量规范》（GB/T 50308）以及《工程测量标准》（GB 50026）的规定。

5.5 施工测量

5.5.1 盾构法水下交通隧道施工测量应包括联系测量、洞内施工控制测量、进洞口

条文说明

本条荷载组合值系数参考了《建筑结构可靠性设计统一标准》（GB 50068—2018）中8.2.9条文规定。

6.4 建筑材料

6.4.1 管片结构材料宜采用钢筋混凝土，特殊情况可选用铸铁、钢或纤维混凝土材料；二次衬砌可采用素混凝土、钢筋混凝土、纤维混凝土等材料；盾构工作井宜采用钢筋混凝土结构，横通道及洞室初期支护可采用喷射混凝土与钢材组合材料结构。

6.4.2 盾构隧道主体结构应根据受力、耐久性要求确定混凝土设计强度等级。预制管片混凝土强度等级不应低于C50，其余钢筋混凝土强度等级不应低于C35。当隧道周边有腐蚀性介质时，主体结构及附属结构混凝土强度等级尚应满足耐久性要求。

6.4.3 普通钢筋混凝土结构的钢筋，宜采用HPB300、HRB400、HRB400E、HRB500、HRB500E钢筋。

6.4.4 主体结构中钢管片宜选用Q235B、Q345B级以上钢，球墨铸铁管片宜选用QT400。在严寒地区采用钢管片和球磨铸铁管片时，应采用与之相适应的材料等级。

6.4.5 采用纤维混凝土时，纤维材料参数应符合现行行业标准《纤维混凝土应用技术规程》（JGJ/T 221）等相关规范要求，纤维掺量宜结合试验确定。

6.4.6 管片连接螺栓的机械性能等级宜选用5.6级、6.8级、8.8级或10.9级，应有较好的耐腐蚀性和抗冲击韧性，表面应进行防腐蚀处理或选用相应的不锈钢材质。

6.4.7 隧道内防水材料应符合现行国家标准《地下工程防水技术规范》（GB 50108）的规定。防水密封垫应为具有良好弹性、耐久性、耐水性的橡胶类材料，并满足相关规范要求。

6.4.8 隧道内部结构及机电设备材料均应进行相应防水及耐腐蚀处理，对于下穿海域或含较强腐蚀性水域的隧道，应采取可靠的防腐蚀措施，并预留便于更换腐蚀后设备、管线、材料的条件。

6.5 隧道衬砌

6.5.1 盾构法水下交通隧道衬砌结构形式应符合下列规定：

1　隧道衬砌结构可采用单层衬砌、双层衬砌或局部设置内衬的形式，在满足工程使用、结构受力、防水和耐久性等要求的前提下，宜优先选用单层混凝土管片衬砌。

2　衬砌环形式有直线环和楔形环两种，工程中宜采用通用楔形环形式，也可采用直线环和楔形环组合的方式进行线路拟合。

3　衬砌环宽度应根据隧道最小曲线半径、隧道直径、管片制作、运输、管片拼装工艺以及盾构千斤顶行程等因素综合确定，衬砌环宽度宜大于等于1.5m。

4　衬砌厚度应根据隧道直径、施工和运营阶段荷载等因素确定，宜取0.040～0.055D。

5　衬砌环应根据隧道直径和管片厚度，综合考虑管片制作及运输、盾构推进千斤顶布置、错缝方式、结构受力与变形等因素综合确定分块方式。中等直径盾构隧道可分为6～8块，大直径盾构隧道可分为8～10块，超大直径盾构隧道可分为9～12块，特大直径盾构隧道可分为12～14块。

6　封顶块接头角和插入角应根据受力条件、拼装方式、盾构设备等因素综合确定。在满足施工要求下宜采用较小的接头角和插入角。

6.5.2　楔形环的楔形量设计应符合下列规定：

1　楔形量应根据隧道直径、衬砌环宽、最小转弯半径、曲线拟合误差等综合确定。

2　楔形量大小应能满足曲线线路拟合及施工纠偏的需要。

3　楔形环宜采用双面楔形式。

4　当根据线路平面最小曲线半径计算楔形量时，可按下式计算：

$$\Delta_1 = B \times \frac{D}{R} \tag{6.5.2}$$

式中：Δ_1——计算楔形量（m）；

B——衬砌环宽度（m）；

D——盾构隧道外径（m）；

R——计算转弯半径（m），可取线路平面最小曲线半径的0.4～0.8倍。

6.5.3　管片衬砌的连接应符合下列规定：

1　根据管片形式、接头受力、拼装、接头止水等要求，管片环向和纵向连接可选用弯螺栓、直螺栓、斜螺栓等连接方式，也可采用新型快速接头连接。

2　当采用斜螺栓连接时，应在管片试生产前进行预埋螺帽的抗拔力试验，抗拔力试验值应满足设计要求。

3　抗弯刚度要求较高的管片接头宜采用刚性接头板、直螺栓连接。

4　螺栓的机械性能等级应满足构造和结构受力要求。

5　当环间抗剪要求较高时，宜在环面上设置分布式凹凸榫或点榫等增加环间约束的措施。

6　管片螺栓手孔、定位孔、起吊孔的位置与尺寸，应根据管片连接、起吊和拼装方式确定。

条文说明

为便于预埋螺帽抗拔试验的进行，可采用立方体试件，试件边长与管片厚度相同。抗拔力试验不少于3组。试验的合格性评价为：当极差值不超过平均值的30%时，可取其平均值作为螺帽抗拔力。当极差超过30%时，则判定不合格，需更改螺帽材质及螺纹参数，重新进行试验。

6.5.4 钢筋混凝土管片结构构造应符合下列规定：

1 管片边缘应做5mm×5mm的倒角。

2 管片环面和端面宜设置2~4mm高的凸台，凸台距离边缘宽度不小于50mm，正常拼装时管片之间边缘部分不应互相接触。

3 管片接缝内侧边缘处应预留嵌缝槽，其深宽比不应小于2.5，槽宽不宜小于10mm，槽深不宜小于25mm。嵌缝槽断面可选择图6.5.4所示的构造形式。

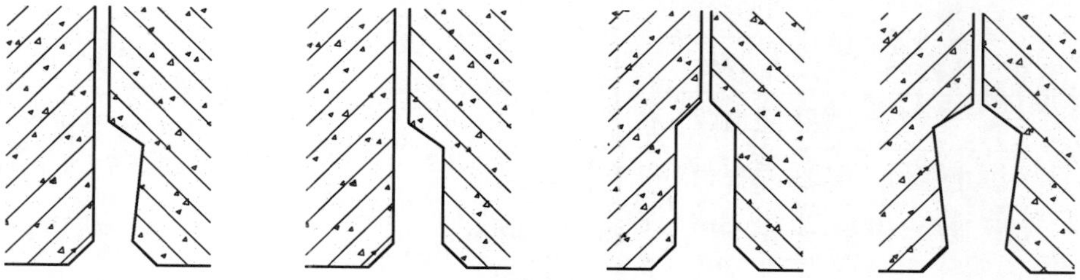

图6.5.4 管片嵌缝槽断面构造形式

4 采用真空吸盘吊装的管片，应在内弧面预留拼装定位孔；每块管片上定位孔数量不应少于2个，定位孔宜为杯状结构，杯口直径不宜小于100mm，定位孔深度不宜小于150mm。

5 钢筋混凝土管片内弧面及端面上各类孔洞、沟槽尺寸应满足预制时脱模的要求，脱模角度不宜小于3°。

6 当有二次注浆需要时，管片上宜预埋壁后注浆预埋件，钢筋混凝土管片注浆预埋件迎土面的混凝土保护层厚度，砂土和粉土地层不宜小于100mm，其他地层不宜小于60mm。

7 钢筋混凝土管片内表面永久性标记应符合下列规定：

1）永久性标识应镜像铸在模板上，其余标识可喷涂于管片内弧面角部。

2）应用文字标示出管片厂家编码、模具编号、管片分块号，标示框凹陷深度不应超过8mm，标示文字宜采用阳文。

3）宜用圆形凹点准确标示出管片主筋位置，凹陷深度不应超过5mm。

4）宜标示螺栓对齐标志。

6.5.5 钢筋混凝土管片配筋应符合下列规定：

1 当采用板式配筋形式时，管片主筋及分布筋最大间距不宜大于200mm，管片内外层主筋之间应设置拉筋，拉筋直径不宜小于8mm，间距不宜大于400mm。

2 当采用肋梁式主筋配筋形式，肋梁箍筋直径不宜小于6mm，间距不宜大于200mm；各主筋肋梁间应设置构造钢筋连接。

3 管片手孔、螺栓孔、预留孔洞、预埋件等部位应设置局部加强钢筋。

4 最外层钢筋的混凝土保护层厚度应根据环境类别及设计使用年限，按照耐久性要求确定。

6.5.6 钢筋混凝土管片应采用高精度钢模制作，单块管片允许偏差应符合表6.5.6要求：

表6.5.6 单块管片允许偏差表

序号	项目		允许偏差（mm）
1	宽度		±0.5
2	弧长、弦长		±2
3	对角线差值		±1.5
4	厚度		+3/-1
5	螺栓孔直径与孔位		±1.0
6	混凝土接触面不平整度		±0.5，每延米±0.2
7	混凝土接触面与管片内外表面的角度偏差		±0.1°
8	密封垫沟槽	半径	±1.0
9		至管片边沿的距离	±1.0
10		沟槽宽度与深度	±0.1

6.5.7 盾构隧道与联络通道等附属结构连接部位的特殊环管片应符合下列规定：

1 当采用全环钢管片时，钢管片应分为衬砌开口部位的可拆卸临时钢管片和永久结构钢管片，全部钢管片通过钢材精加工制作，钢管片钢材应符合本规程6.4节的相关规定。

2 当采用钢筋混凝土管片与钢管片组合形式时，衬砌开口部位应采用钢管片，其余可采用钢筋混凝土管片。

3 当采用全环钢筋混凝土管片形式时，衬砌开口部位可通过切割钢筋混凝土管片形成开口，开口周边应施作加强环梁。

6.5.8 钢管片设计应符合下列规定：

1 钢管片的背板和肋板应作为承受均布荷载钢构件设计，并应符合现行国家标准《钢结构设计标准》（GB 50017）的规定。

2 钢（铸铁）管片分块接头应采用高强度螺栓连接，通过接头计算确定合适的螺栓和配套螺母、垫圈。

3 钢（铸铁）管片制作精度不应低于混凝土管片的精度。当钢管片由几个分块管片组合形成时，各分块管片尺寸设计时应预留适当的公差以满足管片拼装需要。

4 钢管片表面应采用涂刷环氧富锌底漆、渗锌、镀锌、喷涂聚脲等方式进行防腐处理，处于严重腐蚀条件下时，应采取针对性防腐措施。

6.6 衬砌结构计算

6.6.1 衬砌结构计算应符合下列规定：

1 按承载能力极限状态进行结构构件的承载力计算和整体稳定性验算，并应进行结构构件抗震承载力验算等。

2 按正常使用极限状态进行结构构件的变形验算、裂缝宽度验算。

3 隧道结构的计算简图应根据地层情况、衬砌构造特点确定，计算中应考虑衬砌与地层共同作用及接头的影响，并限制荷载作用下的结构变形和接头张开量，直径变形限值 $3‰D$，接缝张开量限值 2mm。

4 抗震设防烈度大于 6 度、地层软硬不均地段及结构刚度突变段应进行抗震计算，计算方法宜按照现行国家标准《地下结构抗震设计标准》（GB/T 51336）采用惯性力法、反应位移法、反应加速度法和时程分析法进行计算，并采取相应抗震措施。

5 当遇到下列情况时，盾构法隧道还应进行纵向强度和变形的验算：

1）沿隧道纵向荷载有较大变化时。

2）基底地层有较大变化时。

3）纵向结构刚度有较大变化时。

4）位于高烈度震区地震作用条件下。

6.6.2 衬砌结构横向内力与变形计算应符合下列规定：

1 应根据埋深、地质条件等选取有代表性的截面进行横向内力与变形计算。

2 横通道开口处等空间受力作用明显的区段，宜按空间结构进行分析。

3 隧道结构横向内力计算的计算模型应根据地层情况、衬砌构造特点、荷载特点及施工工艺等确定，并应考虑衬砌与地层相互作用和管片接头的影响。

4 盾构隧道横向内力计算时，优先选用梁—弹簧模型进行计算，荷载计算模型应符合附录 A 的规定，也可采用修正惯用法、均质圆环法等模型、壳—弹簧模型等方法。梁—弹簧模型和壳—弹簧模型中弹簧刚度可由试验或经验确定。

5 对于双层衬砌结构，在施工期计算中不应计入内衬结构的承载能力；使用期当内衬与管片间具有可靠连接时，可视作叠合结构进行计算，当内衬与管片间设置有防水隔离层时，可视作复合结构进行计算。

6 盾构隧道应根据横向内力计算结果进行相应截面承载力计算，对于钢筋混凝土管片，可按现行国家标准《混凝土结构设计规范》（GB 50010）中矩形截面偏心受压构件进行承载能力极限状态和正常使用极限状态计算；对于钢管片或复合式管片，可按现行国家标准《钢结构设计标准》（GB 50017）和《球墨铸铁件》（GB/T 1348）的相关规定进行计算。

7　当内部结构对管片衬砌结构使用期的横向受力状态有明显影响时，应合理确定内部结构与管片衬砌结构的连接方式及计算模型。

条文说明

由于盾构隧道的计算模型受诸多条件影响，因此常常难以简单判断最大内力断面的位置，一般选取多个有代表性断面进行计算，并采取分段配筋的方式。

盾构法隧道结构计算模型种类很多，从计算原理上，梁—弹簧结构模型配合全周地基弹簧的抗力模型，能较为全面地反应衬砌与地层相互作用和管片接头的影响。盾构法隧道技术在我国应用的早期，由于国内对梁—弹簧模型中各弹簧刚度研究较少，设计人员在结构计算时不知如何确定各弹簧刚度值，所以仍习惯采用刚度折减后的匀质圆环模型或修正惯用法计算公式进行计算。最近20年来，我国对直径6～15m盾构隧道接头刚度进行了大量的理论计算公式推导，并进行了模型试验、数值模拟分析和原型试验研究，也对多座建成后的隧道内力进行了监测分析。目前已经能够合理确定梁—弹簧模型中各弹簧刚度。另外，梁—弹簧模型通过将调整旋转弹簧刚度和环间剪切弹簧刚度，可以包含匀质圆环模型和多铰圆环模型，既能计算通缝拼装工况，也能考虑错缝拼装效应。随着盾构法隧道结构计算程序的推广和普及，接头刚度的取值以及梁弹簧模型的计算更为简便，因此本规程推荐优先选用梁—弹簧计算模型。

盾构隧道的二次衬砌或内部结构通常需滞后管片衬砌几个月才能实施，而管片衬砌环从脱出盾尾的一刻起就开始承受水土压力荷载，因此在施工期结构计算中，不应考虑二次衬砌或内部结构的承载作用。

6.6.3　盾构法隧道纵向内力与变形计算应符合下列规定：

1　衬砌结构纵向内力计算可采用梁—弹簧法模型、等效刚度的均质圆环模型、三维壳体模型。

2　在采用匀质圆环模型进行纵向内力计算时，应对管片纵向抗拉、抗弯和抗剪刚度进行折减。

3　沿隧道纵向衬砌结构与地层间的相互作用可依据弹性地基梁理论采用地层弹簧模拟，弹簧刚度依据地层参数取值。

4　当隧道底部以下存在未处理的软弱地层时，纵向内力计算应考虑长期运营荷载作用下的地层变形影响。

5　应根据纵向内力计算结果进行环间接头的验算。

6　当内衬结构和内部结构对管片衬砌结构使用期的纵向受力状态有明显影响时，应合理确定内衬结构和内部结构与管片衬砌结构的连接方式及计算模型。

6.6.4　隧道抗浮稳定性验算应符合下列规定：

1　隧道结构抗浮计算应对最不利工况进行验算，施工期应检算浅埋软土段、覆盖层厚度最小处等抗浮不利断面；运营期应检算最大冲刷线下覆盖层最小断面。

2　施工期抗浮稳定性验算应按下列公式计算：

$$F \leqslant \frac{R_F}{\gamma_F} \tag{6.6.4-1}$$

$$F = a_F V_w \gamma_w \tag{6.6.4-2}$$

$$R_F = \frac{G}{a_G} + \frac{R_{sg}}{a_{sg}} + \frac{R_{sf}}{a_{sf}} \tag{6.6.4-3}$$

式中：F——结构所受浮力设计值（kN），按式（6.6.4-2）计算；

a_F——结构所受浮力分项系数，可取1.0；

V_w——结构位于地下水位以下的体积（m^3）；

γ_w——水的重度（kN/m^3）；

R_F——施工期结构抗浮力设计值（kN），按式（6.6.4-3）计算；

γ_F——施工期结构抗浮安全系数，不小于1.05；

G——主体结构自重（kN），不含内部结构及设备重量；

R_{sg}——隧道正上方上覆地层有效自重设计值（kN）；

R_{sf}——隧道结构壁和桩侧摩阻力设计值（kN），对于盾构段隧道可取为0；

a_G——结构重力抗浮影响分项系数，可取1.0；

a_{sg}——覆土抗浮影响分项系数，可取1.0；

a_{sf}——侧摩阻力抗浮影响分项系数，可取1.0。

3　运营期抗浮稳定性验算应按下列公式计算：

$$F \leqslant \frac{R'_F}{\gamma'_F} \tag{6.6.4-4}$$

$$R'_F = \frac{G}{a_G} + \frac{R_i}{a_i} + \frac{R_{sg}}{a_{sg}} + \frac{R_{sf}}{a_{sf}} \tag{6.6.4-5}$$

式中：R'_F——运营期结构抗浮力设计值（kN），按式（6.6.4-5）计算；

γ'_F——运营期结构抗浮安全系数，不小于1.10；

R_i——隧道内部结构及附属结构自重（kN）；

a_i——隧道内部结构及附属结构抗浮影响分项系数，可取1.0。

4　当隧道结构底部以下存在未处理的可能液化地层时，尚应按现行国家标准《地下结构抗震设计标准》（GB/T 51336）进行地震抗浮验算。

条文说明

此条参考了现行国家标准《地铁设计规范》（GB 50157）相关条文，施工期管片内部结构尚未施作，且为短期工况，因此抗浮安全系数取为不小于1.05，运营期盾构隧道结构抗浮对运营安全意义重大，且内部结构已完成，因此抗浮安全系数取为不小于1.1；当计及盾构隧道肩部土体的抗浮作用时，宜不小于1.15。对于盾构隧道内部填筑体，以及内部设备重量应按现行行业标准《建筑工程抗浮技术标准》（JGJ 476）相关要求考虑荷载系数。

6.6.5 管片接头计算应符合下列规定：

1 管片间接头计算内容应包括接缝张开量（变形）计算和连接件强度验算。

2 钢筋混凝土管片的环向螺栓应按照现行国家标准《混凝土结构设计规范》（GB 50010）矩形截面偏心受压构件的承载能力极限状态计算。钢管片的环向螺栓，采用以管片边缘为回转中心的模型计算螺栓应力。

3 钢筋混凝土管片应验算纵向螺栓的抗拉强度，小半径曲线隧道尚应对纵向螺栓的弯曲应力进行验算。

4 应对接头螺栓连接处混凝土环肋、端肋结构进行抗剪和抗冲切承载力的计算。

5 承受盾构千斤顶顶力的管片环面应进行局部受压承载能力验算。

6 存在高水压工况的盾构隧道，应对管片环向接头按现行国家标准《混凝土结构设计规范》（GB 50010）进行截面抗压验算，验算应考虑接头的细部构造，计算受压有效面积应从隧道截面面积中扣除预留孔洞、沟槽面积。

7 钢管片应对纵向接头钢板抗压强度、抗剪强度、局部稳定性进行验算。

条文说明

进行千斤顶局部受压承载能力验算时，应根据盾构刀盘开挖面积计算千斤顶的总推力，根据千斤顶组数，验算单组千斤顶推力作用下管片环缝面的局部受压。计算时应结合管片实际构造，扣除千斤顶撑靴面积内的沟槽和孔洞面积等无效面积，并应满足现行国家标准《混凝土结构设计规范》（GB 50010）中相关条文的要求。

6.6.6 二次衬砌计算应符合下列规定：

1 盾构隧道主要承载结构为盾构管片，施工期隧道横向内力计算不应考虑二次衬砌的作用，运营期横向内力计算可以考虑二次衬砌的承载作用。

2 二次衬砌作为防撞、耐火、耐腐蚀、结构安全储备等用途时，不作为承载受力结构时，可不进行受力检算，但应按现行国家标准《混凝土结构设计规范》（GB 50010）采取必要的构造措施。

3 二次衬砌作为承载结构时应按现行国家标准《混凝土结构设计规范》（GB 50010）矩形截面偏心受压构件的进行承载能力极限状态和正常使用极限状态验算。

6.7 辅助措施设计

6.7.1 岩土体的加固方法和加固参数应根据地层条件、地下水、覆土、周围环境等因素，经技术经济比较后确定。遇下列情况时，宜进行岩土体的加固：

1 盾构始发和到达端头。

2 开挖联络横通道或附属洞室。

3 盾构设备停机检修区。

4 穿越需保护的建构筑物。

5 隧道洞身位于液化砂土地层。

6 隧道底部为不满足沉降要求的地层。

6.7.2 盾构始发及接收应符合下列要求：

1 宜采用整体始发，始发工作井及后续结构尺寸应满足盾构始发的净空要求并能提供始发所需的反力。

2 宜避免设置在平曲线及竖曲线上。

3 始发及接收端头区范围内的管片应预留环箍注浆及纵向拉结的条件，应预留应急降水条件，应急降水能力应能将水位降至洞门下1m。

4 盾构始发和采用干法接收的洞门处，应设置临时止水装置，在管片与工作井井壁间设置现浇钢筋混凝土环梁。

6.7.3 管片背后二次注浆作业时应对注浆量和注浆压力同时管理，当注浆压力达到设计压力且注浆量达到设计注浆量的80%以上时应结束注浆。

6.7.4 联络横通道与正洞交接处的设计应符合下列规定：

1 联络横通道开洞处区段的管片衬砌可根据地层及含水条件、衬砌环受力情况，选用钢筋混凝土管片、全环钢管片、铸铁管片或钢与钢筋混凝土的复合管片，管片内设置地层加固所需的注浆管、冻结管等预埋件。

2 联络横通道与主洞的接口部位宜采用刚性连接。

3 联络通道及主洞变形缝的设置应根据隧道防水、抗震要求综合确定。

6.8 内部结构设计

6.8.1 内部结构方案应根据使用功能、施工运输需求、工期等因素综合确定，选用合理的结构体系、构件形式和布置。

6.8.2 盾构隧道二次衬砌应结合隧道的使用功能、隧道直径、环境条件、衬砌受力等综合确定。

6.8.3 直接承受汽车、列车荷载的车道板等构件，应按车辆的实际轴重和最不利排列计算其产生的竖向荷载作用，并应计入车辆的动力作用。内部预制构件应按施工期、运营期两阶段受力条件分别设计。

条文说明

汽车、列车的活荷载较大，应针对其空间最不利排布分别对跨中及支座截面进行验算，验算时尚应考虑车辆的动力作用及疲劳验算。烟道板、预制车道板等构件，应根据施工期、运营期的外部荷载及约束等情况进行包络设计。

6.8.4 盾构隧道内部结构变形验算应满足现行国家标准《混凝土结构设计规范》（GB 50010）等相关规范要求。

6.8.5 内部结构构件应根据其具体使用环境，确定抗渗等级及耐久性指标。

条文说明

内部构件数量较多，使用环境差异较大，应根据具体情况分别确定，车道板、烟道板等构件可认为处于室内干燥或潮湿环境。

6.8.6 内部结构应合理设置变形缝、施工缝，行车道板的变形缝尚应设置可靠的传力构造或构件。

条文说明

类似工程施工缝、变形缝间距多为12～15m、24～36m，为避免管片接缝的渗水渗入，宜将其位置设置在管片环中心。行车道板变形缝处可能会导致轻微跳车现象，为改善行车道板的行车舒适性及安全性，可在变形缝处设置传力杆或焊接钢板等措施。

6.8.7 内部预制箱涵的制作允许偏差应符合表6.8.7的要求。

表6.8.7 预制箱涵制作允许偏差值

序号	项目	允许偏差（mm）	检验方法
1	结构厚度	±2	钢尺量检查
2	宽度、高度	±2	
3	对角线之差	±2	
4	翘曲和侧向弯曲	L/1500	调平尺在两端测量
5	表面平整度	3	2m靠尺
6	预留孔洞中心线位置	1	尺量检查
7	螺栓孔孔位与孔径	±1	
8	螺栓孔与对应预埋件的定位轴线的不同轴度	±1	

注：L为构件最长边的长度（mm）。

6.8.8 内部预制箱涵的拼装允许偏差应符合表6.8.8的要求。

表 6.8.8　预制箱涵拼装允许偏差值

序　　号	项　　目	允许偏差（mm）	检 验 数 量	备　　注
1	拼缝宽度	8	逐块	曲线段为曲线内侧值
2	侧面错台量	10	逐块	
3	轴线平面位置	±10	逐块	

条文说明

盾构隧道内部预制箱涵的拼装允许偏差目前尚无规范明确。但工程实践中发现，较大的施工偏差在施工期会带来箱涵间连接螺栓损坏、手孔处混凝土开裂、箱涵顶面角部破损等问题，在运营期则会导致箱涵内部渗漏、与管廊及疏散通道漏风等问题，对隧道的运营环境存在一定影响，特别是公轨合建隧道，更应引起充分重视。因此，本条参考现行国家标准《混凝土结构工程施工质量验收规范》（GB 50204）中装配式结构分项工程的相关内容，对箱涵的拼缝宽度、侧面平整度及轴线偏差等进行了规定。

6.9　隧道防排水设计

6.9.1　盾构法水下交通隧道的防水等级应符合表 6.9.1 的规定，各防水等级对应的防水标准应按现行国家标准《地下工程防水技术规范》（GB 50108）执行。

表 6.9.1　不同防水等级的适用范围

防水等级	隧道类型及部位
一级	高速公路、一级公路、二级公路隧道的拱墙、设备箱洞。 高速铁路隧道拱墙
二级	高速公路、一级公路、二级公路隧道的车行横通道、人行横通道拱墙，三级公路、四级公路隧道拱墙。 电气化铁路隧道拱墙、内燃牵引铁路隧道拱墙、隧底结构。 城市道路隧道。 城市轨道交通的区间隧道

条文说明

根据现行行业标准《公路隧道设计规范　第一册　土建工程》（JTG 3370.1），仅对公路隧道的拱墙的防排水标准仅进行了定性的描述，未明确具体的防水等级。本条根据其描述，偏严格地与《地下工程防水技术规范》（GB 50108）规定的防水等级进行了对应，以便于设计使用。

6.9.2　盾构法隧道衬砌结构防水措施应包括管片自防水、接缝防水、特殊部位及节点防水。

6.9.3 管片结构自防水应符合下列规定：

1 混凝土管片应采用高性能防水混凝土制作，其材料选用应符合国家现行有关标准的规定，抗渗等级根据隧道埋置深度和承受的水压力确定，且不应小于P12，当隧道承受的水压超过0.8MPa时，混凝土抗渗等级不应小于P15。

2 混凝土管片应进行单块检漏试验，抗渗等级P12及以下时，管片外表在0.8MPa水压力下，恒压3h，最大渗水深度不得超过50mm。

3 钢管片与背板相连的焊缝均采用一级焊缝。

条文说明

根据现行国家标准《地下工程防水技术规范》（GB 50108），防水混凝土抗渗等级最高P12，其中抗渗等级P10对应的工程埋置深度20~30m，P12对应的埋置深度大于30m。近年来修建的盾构法隧道承受水压一般未超过80m水头，从实践来看采用P12可以满足要求。

现行行业标准《水工混凝土试验规程》（DL/T 5150）4.22.4条通过平均渗水高度及恒压时间计算得到混凝土的相对渗透系数。但抗渗等级与相对渗透系数间并无明确的对应关系。且该方式受基准混凝土的配置影响大，渗水高度的误差偏大，因此设计使用仍较为困难。故当实际承受水压达到100m水头甚至150m水头时，管片的检漏标准需再另行专门研究。

6.9.4 管片外弧面防水应符合下列规定：

1 当隧道处于侵蚀性介质的地层时，混凝土管片应采用相应的耐侵蚀混凝土，必要时可外涂耐侵蚀的防水涂层以提高防水性能。

2 管片外防水涂料宜采用改性环氧涂料、聚脲等封闭性材料或水泥基渗透结晶型或硅氧烷类等渗透自愈型材料，并应符合下列规定：

1）耐化学腐蚀、抗微生物侵蚀性、耐水性、耐磨性应良好，且应无毒或低毒。

2）涂层应能在盾尾密封钢丝刷与钢板挤压下不损伤。

3）在管片外弧面混凝土裂缝宽度达到0.3mm时，应仍能在最大埋深处水压下不渗透。

4）应具有防杂散电流的功能，体积电阻率应高。

6.9.5 管片接缝防水应满足下列规定：

1 管片接缝至少应设置一道密封垫。在高水压或采用一级防水标准时，可设置2道或多道密封垫。

2 接缝密封垫应采用具有合理的构造形式、良好弹性的橡胶类材料。密封垫材料的物理性能应满足现行国家标准《盾构法隧道管片用橡胶密封垫》（GB 18173.4）要求。

3 密封垫应沿管片四侧面成环设置。密封垫沟槽形式、截面尺寸应与密封垫形式和尺寸相匹配。

4　管片接缝密封垫应被完全压入密封垫沟槽内，密封垫沟槽的截面积应大于或等于密封垫的截面积，其关系应符合下式：

$$A = (1 \sim 1.15) A_0 \quad (6.9.5)$$

式中：A——密封垫沟槽截面积（mm^2）；

A_0——弹性密封垫截面积（mm^2）。

5　管片接缝密封垫应满足在计算的接缝最大张开量和估算的错位量下、埋深水头的2～3倍水压下不渗漏的技术要求。对于错缝拼装的管片，密封垫应进行一字缝和T字缝耐水压试验；对于通缝拼装的管片，还应进行十字缝耐水压试验。

6　密封垫宜采用三元乙丙橡胶类、遇水膨胀类或遇水膨胀橡胶与三元乙丙橡胶的复合材料。

7　嵌缝防水设计应符合下列规定：

1）嵌缝材料应具有良好的不透水性、黏结性、耐久性、弹性和抗下坠性。

2）嵌缝槽宜采用聚氨酯密封胶、聚硫密封胶、聚合物水泥等嵌缝材料。

3）当使用期需要承受较大负压吸力时，嵌缝材料与混凝土的粘结强度应不小于最大吸出力的5倍，且嵌缝形状应有利于防止嵌缝材料掉落。

8　螺栓孔防水应符合下列规定：

1）螺栓孔口应设置锥形倒角的螺孔密封圈沟槽。

2）螺栓孔密封圈的外形应与沟槽相匹配。

3）螺孔密封圈宜采用合成橡胶制品，当采用遇水膨胀橡胶制品时，密封圈沟槽应能防止橡胶膨胀析出。

9　注浆孔的注浆管密封圈和注浆管盖密封圈，应符合下列规定：

1）注浆管密封圈应在管片混凝土浇筑前固定在注浆管四周，单道或多道设置。

2）注浆管密封圈和注浆管盖密封圈应采用遇水膨胀橡胶制品。

条文说明

研究和试验表明，当内侧密封垫的防水能力低于外侧时，双道甚至多道密封垫可以提供比一道防水密封垫更高的防水能力，因此盾构隧道在超高水压条件下且对防水性能要求高时，可采用两道或多道防水方式。

6.9.6　特殊部位防水应满足以下规定：

1　盾构隧道与工作井连接处，宜采用刚性接头，接头内采用缓膨型遇水膨胀类止水条（胶）、预留注浆管密封。在软土地层距工作井一定范围内的衬砌段，宜通过加厚垫片等措施设置柔性接头。

2　盾构隧道与横通道或附属洞室连接处，应根据地层条件、地下水发育程度、横通道及附属洞室施工方法等因素确定合理的止水措施。

3 内部结构施工缝、变形缝应结合具体使用条件确定合理的防水措施。

6.9.7 隧道排水设计应符合下列规定：

1 隧道内应设置排水系统，对结构渗透水、冲洗水、消防废水等进行有序收集，集中引排至废水泵房，然后抽排至隧道外。

2 施工中产生的废水，应经处理达标后排放。

3 隧道内部的密闭空间应设置排水管，将废水引至排水系统中。

条文说明

对隧道内部的排烟道或结构空腔等密闭空间进行日常巡视及检查困难。为防止渗漏水的积聚而导致结构损坏，应设置排水管，引至排水系统中。

7 盾构机及设备配置

条文说明

本规程未规定的大直径泥水盾构施工技术内容可按现行中国铁建企业技术标准《大直径泥水盾构施工技术指南》（Q/CRCC 33301）的规定执行。

7.1 一般规定

7.1.1 盾构选型及设备配置应安全可靠、技术先进、经济合理，并满足工程计划进度和环境保护要求。

7.1.2 盾构法水下交通隧道应根据项目水文、地质及周边环境情况，提出盾构适应性设计需求，提交初步的盾构制造要求，确定盾构整体设计方案。

7.1.3 盾构系统组装完成后，应按照验收大纲分系统逐项进行验收。

7.1.4 盾构系统拆解前应制定详细的拆解方案与运输计划，包括各连接面管线拆解、刀盘解体、主机分块拆解、后配套分节拆解方案等。

7.2 盾构选型与特殊配置

7.2.1 盾构选型及设备配置依据应包括下列内容：

1 工程地质和水文地质勘察报告。

2 路线与隧道结构设计文件。

3 工程风险因素。

4 施工环境及其保护要求。

5 工期条件。

6 辅助施工方法。

7 类似工程施工经验。

条文说明

隧道穿越地层的渗透系数、颗粒级配、水压力对盾构选型具有重要作用：

（1）地层渗透系数对选型影响

当地层的渗透系数小于10^{-7}m/s时，选用土压平衡盾构；当地层的渗透系数大于10^{-7}m/s而小于10^{-4}m/s时，选用土压平衡盾构或是泥水平衡盾构；当地层的透水系数大于10^{-4}m/s时，宜选用泥水平衡盾构。若地层以各种级配富水的砂层、砂砾层为主时，宜选用泥水平衡盾构；其他地层宜选用土压平衡盾构。

（2）地层颗粒级配对选型影响

黏土、淤泥质土区，为土压平衡盾构机适用的颗粒级配范围；砾石粗砂区，为泥水平衡盾构机适用的颗粒级配范围。粗砂、细砂区，可使用泥水平衡盾构，也可经土质改良后，使用土压平衡盾构。

（3）水压对选型影响

当水压大于0.3MPa时，宜采用泥水平衡盾构。如采用土压平衡盾构，螺旋输送机难以形成有效的土塞效应，在螺旋输送机排土闸门处易发生渣土喷涌现象，引起土仓中土压力下降，导致开挖面坍塌；当水压大于0.3MPa时，如因地质原因需采用土压平衡盾构，则需增大螺旋输送机的长度，或采用二级螺旋输送机。

7.2.2 隧道区间较长且不同地段最合适的掘进方式不同时，可选用双模式盾构进行施工。

条文说明

双模式盾构在自稳性强的地层可采用土压模式掘进，自稳性差的地层可采用泥水模式掘进，两种模式切换不需在特定条件下拆装任何部件，实现安全、快速的连续切换。两个模式可独立运行又可互相支持，能在控制工程风险、减少地面预处理、严格控制敏感地段的地层沉降、快速掘进等方面发挥显著的作用。

7.2.3 盾构机及设备配置应对刀盘系统、主驱动系统、推进系统、盾尾密封系统、管片拼装机、螺旋输送机、泥水循环系统、铰接装置、渣土改良系统、注浆系统等做出要求。

7.2.4 盾构系统配置应符合下列规定：

1 刀盘系统应满足结构强度、刚度和耐磨、耐高温、耐酸碱要求，宜根据工程需求和地质条件配置刀具磨损监测装置、冲刷系统等，选择性设置碎石机/搅拌器，刀盘伸缩功能、常压换刀功能、刀盘开口率应满足盾构掘进和出渣和掌子面稳定要求。

2 主驱动系统的形式应根据工程地质、水文地质条件和环境选择，主驱动的密封形式、工作压力、额定扭矩、脱困扭矩、总驱动功率、刀盘转速、直径等应根据地质条件、施工要求、开挖直径和驱动形式等确定。

3 推进系统应满足盾构推进、调向和管片拼装要求，推进油缸按管片结构、工程地质与水文地质、开挖直径等选定数量、行程、推力、及合理分区，推进油泵功率和流量满足最大推力、最大推进速度要求。

4 盾尾密封系统密封刷安装质量和密封油脂注入泵性能应符合设计要求，宜配备可多次使用的紧急充气止水装置或盾尾冷冻装置，盾尾密封的更换作业应不影响和损坏紧急止水装置。

5 管片拼装机应满足管片拼装精度与真圆度要求，动力及液压设备应满足使用要求，真空吸盘或拼装头灵活可靠。

6 螺旋输送机伸缩液压缸、前后仓门的相关传感器灵敏度应符合设计要求。

7 泥水循环系统的各泵压力、流量应符合设计要求，电气系统操作灵敏、可靠、安全。

8 铰接装置的配管线路、阀组等应布置合理，状态良好，伸缩动作状况、动作控制和行程良好，工作压力应符合设计要求；密封装置集中润滑应工作正常，密封圈应充满油脂。

9 渣土改良系统应包括泡沫系统、膨润土系统和高分子材料注入系统，设备布置和连接应符合施工要求。

10 注浆系统应根据注浆材料、注浆方式、注浆量等选用能将注浆材料填充到管片与土体间的建筑空隙并容易维护管理的设备，注浆系统应配备二次注浆设备。

条文说明

盾构刀具的配置是盾构设计中非常重要的内容，其配置是否适应工程的地质条件，直接影响盾构刀盘的使用寿命、切削效果、出土状况、掘进速度和施工效率。

推进系统作为盾构的重要组成部分，不仅承担整个盾构的推进任务，实现盾构向前运动的功能，而且要完成盾构的曲线掘进、推进纠偏以及姿态控制等复杂任务。推进系统是由多个平行或近似平行于盾构纵轴线的推进油缸环向布置而成。

管片拼装机应具有锁紧、升降、平移、回转、仰俯、横摇和偏转七种动作能力，除锁紧动作外的其余六种动作与管片的六个自由度相对应。管片的拼装精度主要依靠拼装机的调整性能，拼装机应把管片精确定位，并形成足以压紧管片侧向止水条的接触压力，因此管片拼装机各动作需准确可靠，操作安全方便。

螺旋输送机在掘进过程中进行验收，驱动部分负载运转平稳，不应有卡死或异常响声，液压工作压力小于设计值。手动调节比例阀时，螺旋输送机的转速应有相应变化。

7.2.5 刀盘刀具配置应符合下列规定：

1 刀具应适应盾构掘进地层变化，预留检修、维护空间和作业平台。

2 刀盘中心冲刷和排渣口冲刷应考虑冲刷泵功率、中心回转接头流量、冲刷管道压力损失等因素影响。

3 刀具应根据地层地质分不同高度层级布置，满足有效切削渣土的同时合理保护刀盘。

4 刀具配置应根据地层磨损系数、开挖直径、切削速度、掘进距离、最小曲线半径及地下障碍物等选定，按全断面切削的原则进行布置。

5　应根据工程需要和地质条件选择性设置刀盘伸缩功能和常压换刀功能。

6　应根据工程需要和地质条件确定扩挖装置的选用与扩挖尺寸。

7.2.6　后配套桥架和拖车应满足运输、电器及安全、液压、油脂、注浆、数据采集及辅助设备的功能需要，并根据外型、体积、重量灵活布置在台车上，尽量缩短后续配套台车总长度。

7.3　泥水系统

7.3.1　泥水系统应包括制浆调浆系统、泥水输送系统和泥水处理系统。

7.3.2　泥水系统管路配置应综合根据泥水流量、流速、管径、泥水管路压力损失、泥水管路连接及泥水泵扬程确定。

7.3.3　制浆调浆系统应符合下列规定：

1　应与泥浆处理系统能力、地质条件、工程实际消耗相匹配。

2　应有能力补充相应量的新浆，回送的旧浆和新浆应能充分混合并满足相对密度、颗粒成分配比以及可能的添加剂配比要求。

7.3.4　泥水输送系统应包括泥浆泵、阀组、配管、测量装置。

7.3.5　泥水处理系统应符合下列规定：

1　泥浆分离装置、泥浆泵等关键部件应进行耐磨设计，并且具备输送高浓度渣浆的能力。

2　泥水处理能力应与泥水循环系统的能力匹配。

3　设备应采用模块化设计、集中布置的原则，按流量大小拆分后独立使用。

4　设备控制可采用PLC集中控制，并具有故障自动诊断和显示功能。

5　泥水处理设备的噪音控制应符合现行国家标准《城市隧道噪声控制技术规程》（DGJ 32/T J216）有关的规定，可设计包封降噪设施。

7.3.6　泥水处理场地布置应符合下列规定：

1　应设置沉淀池和污水处理设备，周边应设置挡墙及合理的排水系统。

2　宜围绕在工作井周边设置，减少泥浆泵扬程损耗，提高设备工作效率。

3　宜选择在地下无建（构）筑物、管线等障碍物和危险源的场地。

4　沉淀池、调浆池、储浆池、膨化池、清水池应集中布置，各区域面积容积大小应根据工程地质与水文地质、开挖直径等设施容量要求计算确定。

条文说明

泥水处理场平面布置按区域功能可分为主要设施区域、辅助设施区域及场内道路。主要设施区域布置有沉淀池、调浆池、储浆池、膨化池、清水池、弃渣场、分离设备平台、泵坑、泥水操控室、配电室（含变压器、电柜）等；辅助设施区域布置有材料仓库、化学制浆池、废浆池、泥浆固化区等。泥水处理系统应与生活区、办公区及外界住房保持尽量远的距离，以避免噪声污染，应与渣土场位置临近，避免渣土内倒影响效率。

7.3.7 废弃泥浆处理应符合下列规定：

1 废弃泥浆外排应在循环泥浆指标劣化时开始，并根据比重、粘度等计算需外排的废弃泥浆量，弃浆完成后再进行调浆。

2 应根据地层特性和分布情况综合考虑废弃泥浆再利用的可能性，根据胶体含量、含砂率以及场地条件判断是否需要进行存储。

3 应根据实际情况选取合适的废弃泥浆固化方案，固化处理后再进行外运处理。

4 泥浆固化产生的滤液中若含有化学药剂，进行排放之前应处理至现行国家标准《化学工业水污染物排放标准》（DB 32/939）的排放标准后，排入市政管网。

7.4 渣土系统

7.4.1 渣土系统应包括渣土改良系统和渣土运输系统。

7.4.2 泡沫系统应与刀盘、土仓和螺旋输送机相连接，膨润土系统应与土仓和螺旋输送机相连接。

条文说明

泡沫系统首先按一定比例将活性剂和水分别由活性剂泵和水泵泵入泡沫发生器，然后在泡沫发生器中进一步和压缩空气进行混合生成泡沫，其中一部分通过独立的管道将泡沫经过盾构机前部的中心回转接头输送到刀盘，其余部分则经过各自的管道进入土仓和螺旋输送机对渣土进行改良。膨润土由膨润土泵泵出，经管道通到前面的密封土仓和螺旋输送机内，对渣土进行改良。

7.4.3 泡沫系统应根据施工需求选择泡沫混合比例、加注数量和加注点位置。

7.4.4 渣土运输系统应满足渣土排出量及渣土排出速度需求。

8 隧道施工

条文说明

本规程未规定的大直径泥水盾构施工技术内容可按现行中国铁建企业技术标准《大直径泥水盾构施工技术指南》（Q/CRCC 33301）的规定执行。

8.1 一般规定

8.1.1 管片生产单位应有相应的生产技术标准、健全的质量管理体系、质量控制和质量检验制度，管片生产应编制管片生产方案、生产工艺标准及作业指导书。

8.1.2 根据衬砌环与地层摩阻力计算，盾构试掘进长度应在盾构起始段50～100环，试掘进应加大地面沉降监测频率。

8.1.3 掘进前应对隧道轴线沿线水域地段水文情况进行全面扫描，复核隧道覆土层厚度和水位。

8.1.4 盾构掘进到江中水域段，应根据当地水文气象变化定时进行江底水深监测。

8.1.5 江底冒浆时应适当调整切口压力快速通过并加强同步注浆。

条文说明

当发现江底冒浆时，如果是轻微的冒浆，在不降低开挖面水压条件下向前推进，同时，适当加快推进速度，提高拼装效率，使盾构尽早穿过冒浆区。当冒浆严重不能推进时，适当降低开挖面切口水压，提高泥水密度和粘度，检查盾构掘削干渣量，确认有无超挖；掘进一段距离后，进行充分的壁后注浆；将开挖面水压调至正常状态，进行正常掘进。

8.1.6 同步注浆应根据地质条件、地下水状况、施工阶段等多方面因素选择浆液配比。

8.1.7 吊装井应满足结构设计安全要求，同时应满足盾构机主机、后配套分块组装拆解尺寸要求以及盾构始发、接收基座、始发反力架等设置要求。

8.1.8 盾构法水下隧道特殊地段施工应包括浅覆土层施工、小半径曲线施工、地下管线段施工、穿越建（构）筑物段施工、穿越岩溶地区段施工、长距离穿越复合地层施工、穿越孤石群施工、穿越断裂带施工、穿越有害气体地段施工等。

8.1.9 盾构法水下隧道特殊作业应包括开仓作业、刀具更换、盾尾刷更换、盾构调头、过站和空推等。

8.2 管片制作

Ⅰ 钢筋混凝土管片

8.2.1 钢筋混凝土管片原材料应符合下列规定：

1 应具备产品质量证明文件，并经复检合格。

2 混凝土配合比设计应符合现行行业标准《普通混凝土配合比设计技术规程》（JGJ 55）中的规定。

3 宜采用非碱活性骨料，当采用碱活性骨料时，混凝土中碱含量不得大于 $3.0kg/m^3$。

4 混凝土中的氯离子含量不应超过0.06%。

5 预埋件规格和性能应符合设计要求。

6 钢筋的表面应洁净，浮皮、铁锈、油渍、漆皮、污垢等均应在使用前清除干净。

条文说明

碱活性骨料是指在一定条件下会与混凝土中的水泥、外加剂、掺合剂等中的碱物质发生化学反应，导致混凝土结构产生膨胀、开裂甚至破坏的集料。

脱模剂是助已固化的管片能顺利地从模具上分离开来，从而得到光滑平整的制品，并保证模具多次使用的物质。脱模剂过多或过少都不利于混凝土管片的脱模质量，因此应均匀薄层涂刷。

8.2.2 管片模具应具有足够的承载能力、刚度、稳定性和良好的密封性能，应满足管片尺寸和精度等质量要求。

8.2.3 模具开合组装应符合下列规定：

1 组模前应检查模具各部件、部位是否洁净，脱模剂喷涂是否均匀，不足的地方应清理抹匀、补漏。

2 组模前，应检查侧模板与端板、底模与端板的连接缝胶条是否有移位或脱落。

3 各类型预埋件和模具接触面应密封良好。

4 钢模组合好后应及时核对吻合标志，模具检测宜采取三维测量工具测量，测量尺寸精度应控制在 0.4mm 以内。

8.2.4 管片脱模后，应在管片内弧面易见位置印制代表生产日期、制造编号、管片分块号及配筋类型等不易被抹掉的标记。

8.2.5 钢筋骨架安装应符合下列规定：

1 安装前应核实钢筋骨架型号与模具型号是否一致。

2 模具的喷涂不得污染钢筋骨架。

3 入模后骨架各部位的保护层应符合设计要求。

4 浇筑混凝土前，应进行钢筋隐蔽工程验收。

条文说明

钢筋隐蔽工程验收应包括如下内容：

(1) 纵向主筋的品种、规格、数量、位置等；

(2) 箍筋、横向钢筋的品种、规格、数量、间距等；

(3) 预埋件的规格、数量、位置等。

8.2.6 管片产品标识应全数检查，检查应包括下列内容：

1 产品型号、生产序号、模具编号、生产日期、配筋类型、生产厂家、合格状态等管片标识内容。

2 管片型号标于内弯弧面右上角，分块号标于正对内弯弧面的右面端面上端。

Ⅱ 钢 管 片

8.2.7 钢管片的钢材、焊接材料、防腐涂料、稀释剂和固化剂等材料的品种、规格、性能等应符合设计要求。

条文说明

对水工隧道尤其是排污隧道应按设计要求采取防腐蚀措施。通常钢管片的防腐要求严格，故对防腐涂料、稀释剂和固化剂等材料提出要求。

8.2.8 钢管片制作应符合下列规定：

1 应按设计要求或制作说明制作。

2 钢管片材质应符合设计要求，钢管片背板应采用整块钢材，不得拼接。

3 钢材弯曲矫正后，表面不应有明显的凹面或损伤，划痕深度不应大于0.5mm，且不得大于钢材厚度负允许偏差值的1/2。

4 钢材焊接宜采用二氧化碳气体保护焊，并应符合现行行业标准《二氧化碳气体保护焊工艺规程》（JB/T 9186）的规定，焊接时应控制变形。

5 钢管片外露表面的防腐处理和涂层加工应符合设计要求和现行国家标准《钢结构工程施工质量验收规范》（GB 50205）的规定。

Ⅲ 质量控制标准

8.2.9 管片生产前，应对钢模误差采用常规方法和三维检测技术进行检测，若不符合标准应进行校正。

8.2.10 钢筋混凝土管片应采用高精度钢模制作，模具每周转100次应采用三维检测技术进行偏差检验，并根据检测结果进行校正。

8.2.11 钢筋混凝土管片模具组装允许偏差应符合表8.2.11规定。

表8.2.11 模具组装允许偏差及检验方法

序号	项目	允许偏差（mm）	检验方法	检查数量
1	宽度	±0.4	内径千分尺或三维检测	6点/片
2	弧弦长	±0.4	样板、塞尺或三维检测	2点/片，每点2次
3	模具对角线	±0.4	内径千分尺或三维检测	每条对角线3处
4	靠模夹角间隙	0.2	样板、塞尺或三维检测	每个夹角2点

8.2.12 钢筋混凝土管片成品允许偏差应符合表8.2.12规定。

表8.2.12 单块混凝土管片允许偏差及检验方法

序号	项目	允许偏差（mm）	检验方法	检查数量
1	宽度	±0.5	游标卡尺或三维检测	6点/片
2	弧弦长	±1	样板、塞尺或三维检测	2点/片，每点2次
3	管片对角线	±1.5	样板或三维检测	每条对角线3处
4	厚度	+3，-1	游标卡尺或三维检测	6点/片
5	管片平整度	±0.2	靠尺或三维检测	每个端面4点， 接触面±0.5， 每延米±0.2

表 8.2.12（续表）

序号	项目	允许偏差（mm）	检验方法	检查数量
6	管片混凝土接触面与内外表面的角度	±0.1°	三维检测	每个接触面各 3 处
7	螺栓孔直径与孔位	±1	三维检测	每个螺栓孔各 1 处
8	密封垫沟槽	半径 ±1；至管片边沿的距离 ±1；沟槽宽度与深度 ±0.1	三维检测	每个面沟槽各 3 处

8.2.13 钢筋骨架允许偏差和检验方法应符合表 8.2.13 规定。

表 8.2.13 钢筋骨架允许偏差和检验方法

序号	项目		允许偏差（mm）	检验方法	检查数量
1	钢筋骨架	长	+5、-10	尺量	每片骨架检查 4 点
		宽	+5、-10	尺量	每片骨架检查 4 点
		高	+5、-10	尺量	每片骨架检查 4 点
2	受力钢筋	间距	±5	尺量	每片骨架检查 4 点
		层距	±5	尺量	每片骨架检查 4 点
		保护层厚度	+5、0	尺量	每片骨架检查 4 点
3	箍筋间距		±10	尺量	每片骨架检查 4 点
4	分布筋间距		±5	尺量	每片骨架检查 4 点

8.2.14 混凝土浇筑宜采用风动振动器振捣成型，并使用振动棒辅助振捣。

条文说明

通过振捣及利用混凝土流动性，使混凝土充满整个模型。振捣过程中须观察模具各紧固螺栓、螺杆以及其他预埋件的情况，发生变形或移位，立即停止浇筑、振捣，尽快在已浇筑混凝土凝结前修整好。

8.2.15 钢筋混凝土管片成品检验应符合下列规定：

1 应逐片检查外观质量。

2 每生产 15 环管片应抽检 1 环管片进行尺寸检验。

3 管片强度、保护层厚度及抗渗等级应满足规范及设计要求。

4 管片三环拼装试验应符合现行国家标准《盾构法隧道施工及验收规范》（GB 50446）与《地下铁道工程施工及验收规范》（GB/T 50299）的规定。

8.2.16 单块钢管片制作的允许偏差应符合表 8.2.16 规定。

表 8.2.16　单块钢管片制作的允许偏差表

序号	项　目	允许偏差（mm）	检测数量		检验方法
			范围	点数	
1	宽度	±0.5	每块	内外侧各 3	尺量
2	弧弦长	±1	每块	内外侧各 1	尺量
3	管片对角线	±1.5	每块	2	尺量
4	环面的平整度	±0.5，其中每延米 ±0.2	每块	2	尺量

注：检验方法除采用尺量外，也可以采用三维激光扫描测量。

8.2.17　钢管片质量要求应符合下列规定：

1　外观质量及外形尺寸偏差应符合设计要求。

2　钢管片外观应清洁，无裂缝、毛边及飞溅物。

3　钢管片的螺栓孔应畅通，内圆面应平整。

4　钢管片焊缝表面不应有焊接缺陷。

5　钢管片表面应按设计要求喷涂防锈、防火涂料。

条文说明

焊缝主要是指钢管片两侧面板与两端面板间的焊缝，以及它们与顶弧板之间的焊缝。

8.2.18　钢管片成品检验应符合下列规定：

1　应逐片检查外观质量。

2　应逐片进行尺寸检验。

3　每生产 200 环管片应进行 1 次三环拼装试验。

4　检验结果应符合现行行业标准《盾构隧道管片质量检测技术标准》（CJJ/T 164）的规定。

条文说明

国家标准《盾构法隧道施工及验收规范》（GB 50446—2017）规定钢管片几何尺寸偏差检验数量是 100 环抽查一环，但考虑到钢管片制作工艺，本规程规定逐片进行尺寸检验。

8.3　掘进施工

Ⅰ　盾构始发

8.3.1　始发前应进行端头加固，并对加固效果进行检验。

条文说明

端头加固的主要目的就是防止在拆除临时围护结构时的振动影响后，在盾构刀盘顶到掌子面并建立土压之前，能使得围岩自稳及防止地下水流失，防止开挖面坍塌，出现地表沉降过大、塌方等事故。

加固效果检查应包括下列内容：

（1）加固土体满足强度的要求。

（2）加固土体满足整体稳定性的要求。

（3）加固土体满足堵水和渗透性的要求。

（4）加固土体满足变形特征的要求。

端头加固有化学注浆法、砂浆回填法、深层搅拌法、高压旋喷注浆法、冷冻法等。

8.3.2 始发前应进行始发基座、反力架和负环管片定位，控制安装精度使盾构始发姿态和设计轴线重合。

条文说明

始发基座和反力架可采用现浇钢筋混凝土结构或钢结构。反力架设置与盾构轴线位置匹配。始发前应在基座轨道上涂抹润滑油脂，以减少盾构推进阻力；可在盾构刀盘外圈、外圈刀具和帘布橡胶板上涂抹润滑油脂，以避免推进时刀具损坏洞门帘布橡胶板。大直径盾构负环管片应提前预埋钢板，拼装完成后，除螺栓连接外，管片内外弧面环与环、块与块全部焊接筋板加固。成环脱出盾尾的管片与负环管片支撑间应安装楔形块防止管片椭变。

8.3.3 始发基座安装完成后应进行盾构组装及空载调试。

8.3.4 洞门破除时间应与盾构负环拼装空推时间匹配，期间对洞门稳定性和渗漏水情况进行监测并做好应急预案。

8.3.5 盾构在始发基座上向前推进时，宜设置好防扭装置。通过控制推进油缸行程和选择合适的管片拼装点位使盾构沿始发基座向前推进，并进入预定位置。

8.3.6 盾构始发段管片应用槽钢或连接板将管片沿隧道纵向拉紧，保持管片整体稳定性。

8.3.7 泥水平衡盾构建舱及二次密封可按下列步骤进行：

1 盾构刀盘全部穿过洞门密封接触加固体后，开挖舱内注入浆液并逐步加压至0.1MPa，待帘布和翻板生效，从顶部排气直至浆液充满密封舱体。

2 通过密封钢环上预留注入孔在两道帘布及两道密封刷间注入堵漏材料封堵帘布

橡胶与盾构之间的空隙，可使用棉纱、木塞等封堵较大空隙。

3 加压至设计压力，盾构向前掘进，负环拼装，待盾尾结构完全进入密封环内后，将密封钢板、圆环板及零环管片外侧预埋钢板进行封闭焊接，形成二次密封。

8.3.8 始发时可采用低推力、低转速向前推进，并加强盾构姿态监测。

Ⅱ 盾构掘进

8.3.9 掘进中应根据试掘进段施工参数确定正常掘进基本施工参数，试掘进长度应在盾构起始段 50～100 环。

8.3.10 应通过盾构试掘进，掌握验证盾构适用性，并确定盾构滚转角、俯仰角、偏角、刀盘转速、贯入度、总推力、掘进速度、扭矩、切口压力、送排泥水压力、泥水流量、注浆压力、注浆量等掘进参数间的相互关系。

8.3.11 掘进施工中应设专人按规定进行监测，并及时反馈，指导施工。

条文说明

盾构施工应严格控制地层变形，使其变形量控制在允许范围内，在施工过程中应及时进行监测，进行信息反馈，按优化的施工参数进行控制。

8.3.12 盾构掘进施工时应符合下列规定：

1 盾构掘进过程中应确保开挖面土体稳定。

2 盾构管片拼装或停机时间较长时，应采取措施控制开挖面压力稳定。

3 盾构掘进中应严格控制隧道轴线，发现偏离应逐步纠正，不应猛纠硬调。

8.3.13 掘进参数异常时，应及时查找原因，问题较严重时可进行停机处理。

8.3.14 盾尾渗漏时应对渗漏处进行局部手动加注油脂并加强监控。

8.3.15 隧道上浮时应控制轴线，调整砂浆质量、注浆量及各点注浆量分配值，对隧道上浮和隧道稳定性进行监测。

Ⅲ 盾构姿态控制

8.3.16 盾构施工过程中应经常进行盾构姿态人工复核测量，同时加强轴线测量的复核。

条文说明

为确保盾构和管片位置的正确性，应经常进行人工复核测量。盾构姿态人工复核测量每周不少于1次，最长掘进距离不应大于150m。管片位置人工测量每天1次，根据测量结果进行管片位置与位移分析，及时进行信息反馈。

8.3.17 施工过程中，应通过对推进油缸进行合理编组及控制油缸压力值合理进行盾构姿态调整，及时纠偏。

8.3.18 当盾构轴线偏离设计位置时，应进行纠偏，纠偏时应符合下列规定：

1 盾构纵坡和平面的最大纠偏量应小于0.5%。

2 盾构纠偏不得损坏已安装的管片。

3 盾构纠偏应防止盾尾漏浆。

4 盾构推进坡度与隧道设计轴线的偏角应小于0.3%。

8.3.19 应控制盾构纵向姿态，防止发生抬头与上浮。

8.3.20 曲线段纠偏时可使用盾构超挖刀适当超挖增大开挖间隙的办法，当偏差过大时，应在较长距离内分次限量逐步纠偏。

Ⅳ 盾构接收

8.3.21 盾构定位及到达端洞口位置应复核测量，并符合下列规定：

1 盾构推进至到达前100m，应对盾构位置和隧道测量控制点进行测量。

2 盾构贯通姿态应控制贯通时中心轴线与隧道设计轴线的偏差及接收洞门位置偏差。

条文说明

复核测量内容应包括定向、主导线、测量管片位置和走向偏差。通过测量，对接收前的地段加强盾构掘进的轴线控制，使盾构进站时其切口平面偏差满足：平面≤±50mm，高程≤±20mm；在接收前要求盾构坡度比设计坡度略大。

接收基座中心轴线应与盾构接收井的轴线一致，同时还要兼顾隧道设计轴线。接收基座的轨面高程应适应盾构姿态，为保证盾构刀盘贯通后拼装管片有足够的反力，可考虑将接收基座的轨面坡度适当加大。接收基座定位放置后，可采用工字钢对接收基座前方和两侧进行加固，防止盾构推上接收基座的过程中，接收基座移位造成盾构接收失败。

8.3.22 接收基座轨面高程应适应盾构姿态，在准确测量定位后安装。

8.3.23 贯通前应安装洞门临时密封装置。

8.3.24 盾构到达段掘进时应符合下列规定：

1 盾构接收到达前，应对加固体的加固效果进行检验。

2 盾构到达加固体后应加强洞口观察与沉降监测。

3 应根据到达段地质条件确定合理的掘进参数。

4 盾构在出加固区前的最后一环掘进时，应以低速度、小推力、小扭矩、合理的开挖仓压力掘进，并在加固区环箍形成、水位降到符合设计要求后贯通区间隧道。

8.3.25 盾构接收施工应符合下列规定：

1 盾构进入到达段施工时，应实时掌握刀盘里程和洞门里程。

2 盾构到达段最后20环管片应用槽钢将管片沿隧道纵向拉紧，保持管片整体稳定性。

3 注浆应饱满密实。

4 关注洞门变形和刀盘力矩等参数的变化，如有异常情况应停止推进，采取相应对策。

5 盾构到达指定拆机位置后应进行洞门密封，浇筑混凝土永久洞门。

8.3.26 水中接收施工应符合下列规定：

1 洞圈封堵前期应以注浆为主，待注浆达到一定强度后再进行回填土的开挖。

2 冻结壁厚度及封水性能应满足盾构到达时土体的安全质量要求。

3 施工冻结孔时水土流失量不应大于冻结孔体积，否则应及时进行注浆控制地层沉降。

4 在冻结施工受限时，可在不超过最大孔间距的前提下，适当调整孔位或钻孔角度。

Ⅴ 地中对接

8.3.27 当遇到下列情况时，宜采用地中对接施工：

1 单条隧道连续施工长度大，需采用两台盾构从两端相向掘进。

2 盾构机无法到达中间竖井位置或不便设置竖井。

3 隧道长且埋深大，设置竖井不经济。

8.3.28 地中对接地点宜选择在稳定性较好的地层。

8.3.29 地中对接施工应结合工程实际情况，根据土木对接方式、机械对接方式及土木对接方式中不同辅助地层加固方法的特点与适应性，合理选择施工方法。

条文说明

土木对接法通过将对接地点作加固处理，达到止水与防止地层失稳的效果后，完成盾构拆卸并施作隧道衬砌。地面加固方法包括高压旋喷、搅拌、化学注浆等，隧道内部注浆方法包括化学注浆和冻结等。机械对接法通过对盾构进行特殊设计，使盾构直接进行对接，分为贯入环式和刀盘后退式两种工法。

8.3.30 盾构对接解体前应将最后20环管片进行纵向连接。

8.3.31 先行盾构到达预计对接里程后，应将盾壳牢固支撑于最后一环管片上。

8.4 管片拼装

Ⅰ 拼装作业

8.4.1 管片拼装前准备工作应符合下列规定：

1 管片下井拼装前，应用灰刀清除管片上的浮灰、浮砂，对管片进行清理。

2 管片清理干净后应对管片破损、管片蜂窝麻面、管片裂缝、同环管片是否按照设计成环配备等质量问题严格自检。

3 管片自检合格后，应经质检人员复检，复检合格后，在地面上按拼装顺序排列堆放，按设计要求和工艺要求粘贴传力垫及防水材料，并经质检人员检查合格后方可拼装。

4 应将复检合格后已粘贴防水材料的管片及管片接缝的连接件和配件、防水垫圈等装入管片车，由隧道内运输车辆运送至工作面。

5 操作人员应全面检查管片拼装机的动力及液压设备是否正常，真空吸盘是否灵活、安全可靠，拼装前应使用压缩空气再次清理管片环表面残留的泥砂、泥浆、积水等。

8.4.2 拼装作业应按要求逐块拼装管片，安装应准确到位，确保完好无损。

条文说明

参考管片上面标示的三角对齐标识确认是否对齐，并用直尺紧靠管片确认是否在同一平面，同时用手电观察螺栓孔是否对齐。定位过程中注意测量管片与已拼装管片之间接缝的宽度，确保拼缝宽度差值小于1mm。

8.4.3 应对已拼装成环的衬砌环进行椭圆度抽查，确保拼装精度。

8.4.4 在特殊管片拼装时，应根据管片的设计位置，预先调整盾构姿态和盾尾间隙，确保管片拼装符合要求。

Ⅱ 拼装质量控制

8.4.5 应通过拼装器微调装置，对已经初步定位的管片进行精确定位。

8.4.6 管片应无贯穿裂缝，无大于0.2mm宽的裂缝，无缺棱掉角现象。

8.4.7 管片防水条应齐全、无缺损，粘贴牢固、平整、防水垫圈无遗漏。

8.4.8 管片拼装成环质量应符合现行国家标准《盾构法隧道施工及验收规范》（GB 50446）的规定。

8.4.9 管片外观质量要求应符合表8.4.9规定。

表8.4.9 管片外观质量要求

序号	项目	质量要求
1	贯穿裂缝	不准许
2	拼接面裂缝	拼接方向长度不超过密封槽、且宽度小于0.2mm
3	非贯穿性裂缝	内表面不准许，外表面裂缝宽度不超过0.2mm
4	内、外表面露筋	不准许
5	孔洞	不准许
6	麻面、粘皮、蜂窝	表面麻面、粘皮、蜂窝总面积不大于表面积的5%、允许修补
7	疏松、夹渣	不准许
8	缺棱掉角、飞边	不应有、允许修补
9	环、纵向螺栓孔	畅通、内圆面平整、不得有塌孔

Ⅲ 管片修补

8.4.10 在下列检查环节中，若发现存在质量问题的管片，应通知质检工程师处理，确认退回管片厂并要求对其进行调整、修补或其他处理：

1 管片类型。

2 管片外观，有无缺陷，如露筋、蜂窝、裂缝等。

3 管片有无破损，如缺角、飞边、棱角磕碰等。

4 密封条类型符合要求。

5 密封条粘贴合格。

6 预留孔洞是否有杂物。

7 标识是否清楚可见。

8.4.11 拼装过程中有管片损坏，应及时使用规定材料修补。管片损坏超过标准时，应调换。

8.4.12 管片修补工作要点应符合表 8.4.12 规定。

表 8.4.12 管片修补工作要点

序号	项　目	修补工作要点
1	温度	修补时产品表面温度与环境温差应小于 10℃。
2	材料	（1）掉角修补宜用快凝水泥、粉煤灰、矿粉、细石、中砂、乳胶粉配置，3 天强度不得低于 50MPa。 （2）气孔修补材料应符合现行行业标准《混凝土结构修复用聚合物水泥砂浆》（JGT 336）的要求
3	气孔、掉角、微裂纹修补	（1）小气孔先用水进行表面润湿处理，待表干后，用干粉材料搓揉进入气孔中。 （2）用喷壶对气孔表面喷淋，半小时后重复前面工作直至气孔消失。 （3）对于破损深度大于 20mm，宽度大于 10mm 的掉角宜用配置的快凝混凝土进行修补处理。 （4）管片外观质量应符合表 8-4-9 要求

8.5 隧道防水施工

8.5.1 隧道防水应包括管片自防水、管片接缝防水和特殊部位防水等。

8.5.2 管片自防水应符合下列规定：

1 应保证管片成品的抗渗等级、强度和各项质量指标符合设计要求。

2 应加强管片堆放、运输中的管理和检查，防止管片开裂或在运输中产生损伤。

3 管片进场和下井前应进行外观检查，有缺陷的管片不得进工地和下井。

4 盾构推进过程中，应减小各组油缸对管片产生不均匀的推力，避免影响管片防水能力。

8.5.3 管片接缝防水应符合下列规定：

1 接缝防水材料应按设计要求选择，施工前分批进行抽检。

2 防水密封条粘贴应按管片型号选用，变形缝、柔性接头等接缝防水处理应符合设计要求。

3 粘贴管片防水密封条前应将管片密封槽清理干净，粘贴后的防水密封条应牢固、平整和严密，位置正确，不应有起鼓、超长和缺口现象。

4 遇水膨胀橡胶密封垫应按设计要求粘贴，并做好防水保护。

5 采用嵌缝防水材料时，应清理管片槽缝，并按规定进行嵌缝作业，填塞平整密实。

条文说明

嵌缝作业时间根据施工方法、隧道稳定性、施工进度以及现场测试资料等确定，且在无明显渗水后进行。嵌填防水材料时，先涂刷基层处理剂，嵌塞应表面平整，密实、连续、饱满、牢固。

8.5.4 特殊部位防水应符合下列规定：

1 当采用注浆孔注浆时，注浆后应对注浆孔进行密封防水处理。

2 螺旋孔橡胶密封圈安装应符合设计要求，不应遗漏。

3 注浆孔及螺栓孔处密封圈应定位准确，并与密封槽相结合。

4 隧道与工作井、联络通道等附属建（构）筑物的接缝处，应按设计要求进行防水处理。

8.6 特殊地段施工

Ⅰ 浅覆土层施工

8.6.1 应控制盾构开挖面土压、掘进速度等参数，减少施工对环境的影响。

条文说明

由于覆土荷载减小，使开挖面压力允许范围缩小，在盾构掘进中，严格控制开挖面压力，特别注意使用的泥浆或添加剂的性能，减小对地表的影响。

8.6.2 应控制盾构施工姿态，防止发生抬头或上浮。

8.6.3 穿越堤坝时，应加强施工监测，精确控制泥水压力，严格盾构掘进管理，可采取地层跟踪注浆封闭、防护墙与地表裂缝灌浆处理等措施。

8.6.4 穿越江底段浅覆土层时，在深水河道可采用抛填黏土，加大隧道上覆土层厚度；在浅水河道可采用注浆加固，将上覆土形成一层不透水的硬壳层；覆土超浅时，可在注浆加固的基础上施工抗拔桩和抗浮板结构。

Ⅱ 小半径曲线施工

8.6.5 施工前应了解隧道水文地质与工程地质情况、地面建（构）筑物情况，确保盾构机满足小半径曲线施工能力。

8.6.6 应根据小半径曲线线路选择合适的管片宽度和管片楔形量。

8.6.7 应防止由于盾构推进反力不均引起的管片环变形、管片错台、管片开裂渗水。

8.6.8 使用超挖装置时，应严格控制超挖量。

条文说明

为了确保比直线施工更大的开挖断面使盾构机能够转弯，需要配备超挖装置。超挖装置是设置在刀盘外圈的一种可自由伸缩的棒状超挖刀，通常情况下收回在刀盘内。需要进行超挖时向刀盘外侧伸出切削，使刀盘开挖外径增加一定量。

Ⅲ 地下管线段施工

8.6.9 应详细查明地下管线的类型、位置、允许变形值等，制定专项施工方案。

8.6.10 盾构隧道施工过程中应对地下管线进行监控量测，并根据监测结果及时反馈施工，调整施工参数。

8.6.11 对受施工影响的管线，可根据具体情况进行管线保护。

条文说明

对于埋深较浅、结构刚度好的一般管线采取监测的方法进行观察；对于埋深较深、管径大、接缝容易错位的管线，根据施工需要，可采取跟踪注浆的方法进行保护；对一些现有状况难以控制的、接缝结构不牢固的煤气、电力、电缆等重要管线，可采取对地下管线悬吊和加强监测的方法进行保护。

Ⅳ 穿越建（构）筑物段施工

8.6.12 盾构施工前，应对穿越建（构）筑物地段进行详细调查，评估施工对建（构）筑物的影响，并有针对性地采取保护措施，控制地层变形。

8.6.13 宜根据建（构）筑物基础与结构的类型、现状，采取地基加固或桩基托换措施。

8.6.14 应加强地表和建（构）筑物变形监测，并及时反馈优化调整盾构掘进参数和同步注浆参数。

8.6.15 应根据建（构）筑物沉降速率进行多次壁后注浆，宜选择体积变化小、早期强度高、速凝型的注浆材料。

Ⅴ 穿越岩溶地区地段施工

8.6.16 盾构施工前，应进行岩溶专项勘察，确定岩溶分布与盾构设计线路相对关系，在盾构掘进施工影响范围内岩溶宜进行处理。

8.6.17 溶洞处理应以地面钻孔注浆处理为主，地面无法处理时宜采用洞内处理。

条文说明

全填充溶洞处理宜通过高压注浆加固，半填充和未填充溶洞处理宜采用吹砂夹石和静压化学灌浆共同处理。对于洞高大于2m的半填充和无充填的溶洞，可先采用ϕ200mm PVC套管外侧注改性膏浆控制边界，然后内部吹砂夹石，再静压灌浆的方法；对于洞高小于2m的半填充和无充填的溶洞，其处理与全填充溶洞处理方法相同。

Ⅵ 长距离穿越复合地层施工

8.6.18 盾构设计推力、扭矩及耐压程度应满足软硬不均地层的需要。

8.6.19 盾构刀盘刀具配置可为常压下可更换的滚齿互换和常压可更换刮刀。

8.6.20 上软下硬地层中掘进宜控制掘进参数的稳定性。

8.6.21 施工参数发生突变时，应暂停施工，分析原因。

Ⅶ 穿越孤石群施工

8.6.22 穿越前应进行地质补充勘察，确定孤石群与盾构设计线路相对关系，在盾构掘进施工影响范围内的宜进行处理。

8.6.23 孤石群宜采用地面钻孔爆破方式预处理。

条文说明

先探明孤石的大小、强度及分布等情况，并根据现场条件制定合理的处理方法，优先采用地面预处理，不具备条件的采取洞内处理。对于长距离孤石地层盾构掘进，提前布局换刀点并做好预加固处理，避免刀具严重损伤造成被迫停机。

8.6.24 盾构施工穿越大体积孤石无法正常掘进时，宜采取带压进仓方式处理。采用劈裂、破碎、微爆等方式将孤石分割为若干小块，通过人舱运出。

Ⅷ 穿越断裂带施工

8.6.25 穿越时应适当扩大注浆加固范围，保证注浆加固质量。

8.6.26 穿越断裂带施工环流异常时，应优先清理气垫仓底部、排泥口、格栅处滞留的异物或通过前闸口清理开挖仓底部异物。

8.6.27 掘进过程中应减小刀盘转速，降低对破碎带土体的扰动。

8.6.28 掘进过程宜匀速平稳通过，进入破碎带前宜停机对设备进行全面保养。

Ⅸ 穿越有害气体地段施工

8.6.29 施工前应对盾构密封系统进行全面检查和处理。

8.6.30 施工中应加强通风换气，可采取提前排气等措施。

8.6.31 施工中应对有害气体进行监测预警。

8.6.32 在含易燃易爆气体地段施工时，相关设备应满足防爆要求。

8.7 壁后注浆

Ⅰ 同步注浆

8.7.1 同步注浆系统应根据注浆材料、注浆方式、注浆量等选用。

8.7.2 同步注浆方式宜符合下列规定：

1 同步注浆管路宜为盾尾内置形式，检查确认所有注浆管路畅通。

2 宜根据地层地质条件、地表沉降状态、环境要求、设备情况及施工状态等选择浆液配比。

3　注浆可采用自动控制或手动控制方式。

4　宜采用多点注浆的方式密实充填盾尾后空隙。

8.7.3　同步注浆参数应符合下列规定：

1　应根据注浆量和注浆压力控制同步注浆过程，根据注浆量和掘进速度确定同步注浆速度。

2　注浆压力应根据地质条件、注浆方式、管片强度、设备性能、浆液特性和隧道埋深等因素确定。根据外界水土压力动态调整，以填充管片与土体间的建筑空隙并抵挡外界水土压力，保护成环管片。

3　注浆量应根据环境条件和沉降监测结果等确定。

4　盾构掘进前，应根据注浆压力设定表在盾构自带可编程序控制器（PLC）系统内设定各处注浆参数。

5　应根据地层参数调整同步注浆浆液配比。

条文说明

注浆压力过大会导致浆液溢出地面或造成地表隆起，应力过小会降低注浆作用。注浆出口压力稍大于注浆出口处的静止水土压力，注浆压力一般大于出口压力0.1～0.3MPa。

在施工中注浆量根据注浆效果作调整，注浆量与盾构掘进时扰动土层范围有关系，扰动范围是变量，一般情况下充填系数取1.30～1.80；在裂隙比较发育或地下水量大的岩层地段，充填系数一般取1.50～2.50。

8.7.4　同步注浆浆液应符合下列规定：

1　应根据注浆要求，通过试验选择注浆材料。

2　注浆材料的强度、流动性、可填充性、胶凝时间、环保等应满足施工要求。

3　浆液塌落度应根据不同地层调整选取。

条文说明

浆液主要性能指标包括：

（1）胶凝时间：一般为3～10h，根据地层条件和掘进速度，通过现场试验加入促凝剂及变更配比来调整胶凝时间。对于强透水地层和需要注浆提供较高的早期强度的地段，可通过现场试验进一步调整配比和加入早强剂，进一步缩短胶凝时间，获得早期强度，保证良好的注浆效果。

（2）固结体强度：1d不小于0.2MPa（相当于软质岩层无侧限抗压强度），28d不小于2.5MPa（略大于强风化岩天然抗压强度）。

（3）浆液结石率：应大于95%，即固结收缩率小于5%。

（4）浆液稠度：一般为12cm ±2cm。

（5）浆液稳定性：即倾析率（静置沉淀后上浮水体积与总体积之比）小于5%。

8.7.5 掘进注浆控制应符合下列规定：

1 盾构安装调试完毕，应根据注浆施工要求准备拌浆、储浆、运浆和注浆设备，并进行试运转。

2 注浆前应对注浆孔、注浆管路和设备进行检查。

3 掘进过程中应根据掘进速度、隧道稳定性及管片接缝渗水情况及时调整注浆压力和注浆量。

4 注浆作业应连续进行。注浆过程中，应注意冲程数和压力值变化，判断是否发生堵管。当注浆系统发生故障时，应停止掘进，待排除故障后继续施工。

5 操作人员应及时做好注浆量、注浆压力、注浆时间等参数的实时记录，严格控制注浆参数，按批检查浆液质量，浆液以坍落度、扩散度为主要指标，温度在20℃及以上时水泥浆液存放时间不得超过10h。

6 应安排专人巡视检查注浆系统内是否存在管路接头漏浆现象及注浆泵运作状况。

7 注浆作业后应及时清洗注浆设备和管路。

8 采用水泥砂浆作同步注浆材料，浆材应具有结石率高、结石体强度高、耐久性好、防止地下水侵蚀、良好的抗水分散性以及可注性等特点。

条文说明

穿越风险工程过程中，连续2环同步注浆量高于控制范围，且注浆压力低于控制范围时，应暂停掘进，分析原因并制定处理措施。

同步注浆速度应与掘进速度相匹配。可按盾构完成一环掘进的时间内完成当环注浆量来确定其平均注浆速度。

Ⅱ 二次注浆

8.7.6 管片脱出盾尾后，应通过管片上预留的注浆孔进行二次注浆。

条文说明

二次注浆是对壁后注浆的补充，其目的是填充注浆后的未填充部分，补充注浆材料收缩体积减小部分，处理渗漏水和处理由于隧道变形引起的管片、注浆材料、地层之间产生剥离，通过填充注浆使其形成整体，提高止水效果等。

8.7.7 施工时宜采用地表沉降监测信息反馈，结合洞内超声波探测背衬后有无空洞的方法，综合判断是否需要进行二次注浆。

8.7.8 二次注浆宜在盾构通过约10环位置进行，同一环管片严格按“先拱顶后两腰，两腰对称”的方法注入。

8.7.9 应采用隔环开孔、每环开三个孔的方式进行二次注浆，开孔深度以打穿同步注浆层为宜。

8.7.10 若压力未达到设定值，而注浆量达到设定值时，应根据监测数据分析判断进行二次注浆的合理控制。

8.7.11 注浆过程中应设有排气孔，注浆10min后如有水溢出，应对该孔进行补充注浆。

8.8 特殊作业

Ⅰ 开　　仓

8.8.1 开仓作业应选择在地层较稳定或地面环境保护要求低的地段。

8.8.2 开仓作业前，应对开挖面稳定性进行判定。

8.8.3 在不稳定地层进行开仓作业时，应采取地层加固或压气法等措施，确保开挖面稳定。

条文说明

常用的地层加固技术包括旋喷加固技术、深层搅拌加固技术、冷冻法施工技术、竖井加固技术、地下连续墙加固技术等。

8.8.4 开仓作业过程中，应保证通风的连续性，并由气体检测人员对土仓内气体进行不间断检测，如有异常，应及时撤出土仓内人员，加强通风力度，待土仓内气体浓度合格后，方可继续进仓作业。

8.8.5 带压进仓人员配置应符合下列规定：

1 配置气压作业主管，负责总体管理现场气压作业。

2 进仓作业时，每仓人员不得超过3人，且3人不得同时位于开挖仓内，其中1人为观察员，负责掌子面及仓内情况观察巡视工作。

3 配置1名专业医护人员，负责进仓前对进仓人员进行医学适合性评估，不得带病作业、疲劳作业、酒后作业。

8.8.6 带压进仓作业时应符合下列规定：

1 进入开挖仓前应先由进仓作业人员打开气垫仓和开挖仓的平衡阀，再次检查开挖仓呼吸气体质量并平衡压力。专职观察员应随时注意泥浆液面及掌子面的情况，并结合换气声音等特点判断是否有气体泄漏和掌子面坍塌危险。

2 仓外作业人员不得进行转动刀盘、出渣、泥浆循环等危及仓内作业人员安全的操作。需降低仓内液位时，进仓人员应进入人舱，关闭人舱与气泡仓的仓门后进行。

3 开仓作业时，作业人员应在仓内设置临时的上下通道，并应保证进出开挖仓的通道顺畅。

4 人舱与开挖仓的连接门应保持开启，由进仓作业人员中的专职观察员予以确认检查。

5 开仓作业时，机长应做好水底沉降及盾构姿态的监测和反馈。

6 进仓作业人员不应穿戴化纤、毛皮衣物，采用专用工作服，由项目部统一配置；不应携带与工作无关的任何个人物品，如衣物、电子产品、火源、烟、食品等；经气压作业主管或机长严格检查确认后，方能进仓作业。

Ⅱ 刀具更换

8.8.7 刀具更换前准备工作应符合下列规定：

1 应根据地质条件、掘进情况对换刀风险进行评估。

2 应根据刀具更换检查计划编写安全技术交底。

3 应进行盾尾油脂加注，检查盾尾间隙、管片接缝和预留注浆孔有无渗漏。

4 应检查换刀工具并做好记录，外观存在安全隐患的机具、设备不予使用并及时送地面维修车间更换。

5 应检查气动葫芦导链、吊钩及吊挂葫芦的钢丝绳等机具，机具发现磨损及时更换。

6 应将刀盘旋转到需检查刀具所在主臂，垂直于盾构水平轴线。

8.8.8 刀具更换应在保证安全的前提下进行，并应符合下列规定：

1 换刀作业应制定专项方案，由专业维修人员进行作业。

2 如盾构设备具备常压换刀功能，更换刀具时应优先选用常压换刀功能完成更换刀具作业。

3 采用带压换刀，应选用有资质和专业能力的专业压气作业队伍进行刀具更换。

4 在稳定性较差地层换刀时，应对地层进行预加固等作业，保证开挖面稳定。

5 换刀作业应根据换刀图纸和方案选用专用工装和工具进行，避免错装、漏装造成风险。

6　更换刀具应根据刀具轨迹图做好换刀记录。

7　正常磨损条件下，刀具磨损量达到 15 ~ 30mm 时应进行更换；非正常磨损条件下，应根据刀具磨损、滚动监测装置监视结果及掘进参数变化判断是否更换。

8.8.9　土压盾构刀具检查更换作业前 1、2 环应停止向土层内加注泡沫，改用加注膨润土改良渣土。

Ⅲ　盾尾刷更换

8.8.10　盾尾刷更换前，应提前选定合适位置，编制专项方案并经相关评审批复。

条文说明

为防止尾刷更换过程中盾尾部位喷泥涌水等塌方事故，应避免在不稳定地层如砂层、淤泥层进行尾刷更换。在有可能的情况下，可以在预计停机更换盾尾刷的里程提前开仓检查地层是否与分析的情况一致，如果检查可以换尾刷，则继续掘进至盾尾位于先前开仓位置。

8.8.11　在不稳定地层更换盾尾刷时，应尽快完成相关作业，缩短作业时间。

8.8.12　盾尾刷更换作业应做到安全、快速、高效，并应急到位。

Ⅳ　盾构调头、过站和空推

8.8.13　盾构调头、空推时应根据工作井尺寸、设备、盾构直径、重量及移动距离等情况，预先编制专项方案。

8.8.14　盾构调头施工应符合下列规定：

1　应利用后续管片和推进千斤顶使盾构由出洞接收状态进入调头状态。

2　调头时应进行刀盘检修、刀具更换等工作。

3　刀盘检修完毕，应推动底座，使盾构再平转 90°，用千斤顶推动使盾构平移。

4　应利用千斤顶及其他辅助措施，使盾构水平轴线与隧道水平轴线重合，使盾构水平就位。

5　盾构拆下管路、电路及其他连接部件应分类编号妥善保存。

6　盾构上下升降调整时，应同步操作各千斤顶。

条文说明

盾构从区间隧道掘进到工作井时，将盾构平移调转到另一条隧道线位上，再做反向掘进的过程称为盾构调头。盾构移位调头通常有整体吊装法、分体吊装法、钢珠形移动装置移位法和接收基座直接移位法四种方法。盾构在工作井内调头时，要有调头设施。盾构在工作井内水平移动距离较大时，可采用移车台。

8.8.15 盾构空推时，应根据刀盘与导向平台之间的关系，调整各组推进油缸的行程，使盾构姿态沿设计线路方向推进。

8.8.16 盾构空推前进时，宜派专人在盾构机前方检查、监测盾构推进情况，混凝土导台应清理干净。

9 施工监测

9.1 一般规定

9.1.1 盾构法水下交通隧道施工时应对隧道结构、周围岩土体及周边环境进行监测。当设计有要求时，尚应进行水下地形的相关监测。

条文说明

本条是对水下交通隧道施工阶段监测工作的总体要求。地下工程在施工过程中经常发生支护结构垮塌、周围岩土体塌陷以及建（构）筑物、地下管线等周边环境对象的过大变形或破坏等安全风险事件，因此，在隧道施工过程中，开展工程监测工作对安全风险事件的预防预报和控制安全风险事件的发生具有十分重要的意义。

工程监测对象主要包括支护结构、周围岩土体和周边环境，支护结构监测对象主要为基坑支护桩（墙）、立柱、支撑及盾构法隧道管片；周围岩土体监测对象主要为工程周围的岩体、土体、地下水以及地表；周边环境监测对象主要为工程周边的建（构）筑物、地下管线、高速公路、城市道路、桥梁、既有轨道交通、盾构下穿河（海、湖）底面河床隆沉、河（海）两岸堤（坝）的竖向沉降以及其他城市基础设施。这些对象的安全状态是控制工程施工安全的关键所在。

9.1.2 盾构掘进施工前，应根据隧道埋深、开挖尺寸等设计参数，结合施工环境和工程水文地质条件、掘进方式等制定施工监测方案。施工监测方案应根据设计要求的变形控制值进行编制。

条文说明

本条指出了工程施工阶段监测的目的。工程监测主要是为评价工程结构自身和周边环境安全提供必需的监测资料，因此，工程监测工作要依据国家有关法律法规和工程技术标准，采用测量测试仪器、设备，对工程支护结构和施工影响范围内的岩土体、地下水及周边环境等的变化情况（如变形、应力等）进行测量和巡视检查，依据准确、详实的监测资料研究、分析、评价工程结构和周边环境的安全状态，预测工程风险发生的可能性，判断设计、施工、环境保护等方案的合理性，为设计、施工相关参数的调整提供资料依据。

9.1.3 监测控制网应满足本规程5.2节和5.3节相关要求，监测网等级应符合现行国家标准《城市轨道交通工程监测技术规范》（GB 5091）的相关规定。

9.1.4 施工监测仪器和设备应满足测量精度、稳定性和可靠性等要求，经具备资质的单位检定合格，并在有效期内。

9.1.5 各监测对象和项目应相互配套，满足设计、施工方案的要求，并形成有效、完整的监测体系，可采用几何测量、物理测量方法。

条文说明

测量单位可根据监测的内容和观测对象的精度要求，择优选择仪器设备和测量方法。

9.1.6 施工期间的工程监测应为验证优化设计、编制施工及环境保护等方案，分析和预测结构和环境状态及其发展趋势，实施信息化施工等提供资料。

9.1.7 当隧道穿越地面建（构）筑物和地下管线时，应对所穿越的建（构）筑物和邻近土体进行变形监测。

9.1.8 地面和隧道内监测点宜布设在同一断面。盾构通过后，处于同一断面内的监测数据应同步采集，并应收集同期盾构掘进参数。

条文说明

同步采集地面和隧道内监测数据，便于全面了解、分析变形动态。

9.1.9 监测信息采集的频率和期限应根据设计要求、施工方法、施工进度、监测对象特点、水文及地质条件和周边环境条件综合确定，并应反映监测对象变化的全过程。

条文说明

监测对象在工程施工过程中的影响变化是一个由小到大，再由大到小的过程，施工对监测对象的影响程度与开挖面和监测对象的位置关系、施工质量控制、地质条件和监测对象的特点等密切相关。因此，监测信息的采集频率要根据工程施工对监测对象的影响程度进行调整，其原则是能反映监测对象的变化过程。工程监测应贯穿施工全过程。

9.1.10 监测信息应及时进行处理、分析和反馈，发现影响工程及周边环境安全的异常情况时，应立即启动相关程序。

条文说明

监测工作要严格执行监测方案，并将监测成果准确、及时地反馈给建设、监理、设计、施工等相关单位，为工程动态设计和信息化施工提供可靠的数据依据。

实际工程建设过程中，很多工程安全事故是由于预先发现或采取措施不及时，由于工程安全隐患不能及时得到处理造成的，致使其进一步导致安全事故，造成人员伤亡、经济损失和社会影响。工程监测工作特别需要重视监测信息的时效性，监测单位及时进行监测信息处理、分析和反馈工作，是保证工程自身及周边环境安全的重要基础工作。

9.1.11 突发风险事件时，应有针对性地加密监测点、提高监测频率或增加监测项目。

条文说明

隧道施工过程出现风险事件时，为分析、处理及控制风险事件应开展应急抢险监测工作，提供更及时、全面的监测数据。应急抢险监测应根据现场风险发生的实际情况，针对风险事件控制要求在原监测方案的基础上补充监测项目或监测点，并加密监测频率。

9.2 监测内容

9.2.1 施工监测对象的选择应在满足工程支护结构安全和周边环境保护要求的前提下，结合支护结构设计方案、周围岩土体工程特性及周边环境条件综合确定。监测对象宜包括下列内容：

1 盾构隧道管片结构及上浮量。

2 工程周围岩土体与地下水。

3 盾构下穿冲淤幅度较大水域水下地形，河（海）堤（坝）、盾构始发端及接收端地下水位。

4 周边建（构）筑物、地下管线、高速公路、高速铁路、城市道路、桥梁、既有轨道交通及其他城市基础设施等环境。

条文说明

针对盾构施工工法，监测对象可归纳为三大类，即工程支护结构、周围岩土体及周边环境。

9.2.2 工程监测项目应根据监测对象的特点、监测等级、设计及施工的要求合理确定，并应反映监测对象的变化特征和安全状态。

条文说明

监测项目的监测数据变化是监测对象状态变化的重要表现形式，选择监测项目时，一般应选择能直接反映监测对象的位移、变形或受力状态的项目。当监测技术难度较大或受条件限制时，也可采用间接监测方法反映监测对象状态的变化情况。

9.2.3 施工监控测量项目应符合表9.2.3的规定。当穿越水域、建（构）物及其他有特殊要求地段时，应根据设计要求确定监控测量项目。

表9.2.3 施工监控测量项目

类 别	监测项目	位 置
必测项目	现场巡查	周边环境及隧道结构
	施工区域地表隆沉、沿线建（构）筑物和地下管线变形、始发、接收端地下水位及河（海）堤（坝）	周边环境
	隧道结构变形	隧道结构
选测项目	岩土体深层水平位移和分层竖向位移	周边环境
	下穿建（构）物应力应变	周边环境
	海、河及湖底隆沉	周边环境
	衬砌环内力	隧道结构
	地层与管片的接触应力	隧道结构

条文说明

地下工程建设往往在复杂工程地质条件下进行，工程支护结构、周围岩土体和周边环境对象相互影响、相互制约，形成密切相关的复杂系统。工程不同监测对象之间、不同监测对象的监测项目之间以及同一监测对象的不同监测项目之间相互关联，监测对象和监测项目的确定应体现彼此之间的关联性，在组成有效监测体系的同时，要选取反映工程安全的重要对象、关键项目开展监测工作，以达到既体现监测体系的完整性，又体现其重点性的管理目标。

9.2.4 地表监测范围内建（构）筑物均应监测，重大建（构）筑物应加强监测。

9.2.5 邻近地下管线的监测点宜直接设置在管线上。对无法直接观测的管线，可采用管线侧深层土体沉降代替管线沉降监测。

9.2.6 隧道结构的变形监测包括水平净空变化和管片结构竖向位移，特殊情况时还应进行水平位移、管片表面应变和工作缝开闭状态等监测。

9.2.7 周边环境监测初始值应从盾构掘进即将影响该区域前10d开始采集，隧道结构监测初始值宜在管片壁后注浆凝固后12h内采集。

条文说明

技术指标主要参考现行国家标准《盾构法隧道施工及验收规范》（GB 50446）中15.2.5条和15.3.4条的相关规定。

9.2.8 工作井及附属结构的监测应符合现行国家标准《城市轨道交通工程监测技术规范》（GB 50911）的相关规定。

9.2.9 监测精度应根据监测项目、控制值大小、工程要求、国家现行有关标准综合确定，并应满足对监测对象的受力或变形特征分析的要求。

9.3 监测点布设

9.3.1 支护结构和周围岩土体监测点的布设位置和数量应根据施工方法、监测等级、地质条件及监测方法的要求等综合确定，并应反映监测对象实际状态、位移和内力变化规律及分析监测对象安全状态等工程需要。

条文说明

以针对性、合理性和经济性为原则，提出了监测点布设位置和数量的一般性要求。支护结构与周围岩土体是相互作用、相互影响的，二者之间联系密切，布设监测点时需要对两者统筹考虑。监测点的位置应反映监测对象的实际受力、变形状态，以保证对监测对象的状态做出准确判断。

9.3.2 支护结构监测点应布设在支护结构设计计算的位移与内力变化最大部位及反映工程安全状态的关键部位。

条文说明

支护结构和周围岩土体关键部位的稳定性与工程安全性密切相关，所以应针对监测对象特点，结合工程情况，认真分析关键部位的安全状态，并在这些部位布设监测点实现重点监测、重点控制。

9.3.3 周边环境监测点的布设位置和数量应根据环境对象类型和特征、环境风险等级、影响分区、监测项目及监测方法的要求等综合确定，并应满足环境对象变化规律和环境对象安全状态的分析需要。

条文说明

明确了周边环境监测点布设的一般性原则要求。周边环境对象监测点的布设位置、数量应考虑以下几个条件：

(1) 周边环境对象的风险等级大小。

(2) 周边环境所处的工程影响区。

(3) 周边环境对象自身的材质、结构形式。

(4) 工程地质水文地质条件的复杂程度。

(5) 所采用的监测方法和现场监测的可实施性。

9.3.4 周边环境监测点应布设在反映环境对象变形特征的关键部位和受施工影响敏感的部位。

条文说明

反映环境对象变化特征的关键部位与环境对象的类型特点有很大关系，如高低悬殊或新旧建（构）筑物连接处、建（构）筑物变形缝、不同基础形式和不同基础埋深部位、地下管线节点和转角点、盾构下穿河（海）堤（坝）等部位，一般都是发生位移和变形的关键部位，应布设监测点进行监测。受施工影响敏感部位是指除上述关键部位外，对周边环境对象抗变形能力较弱的其他部位，如建（构）筑物已出现过大变形或裂缝、地下管线沉降过大或材质老化较为严重的部位等。

9.3.5 监测断面的布设应反映监测对象的变化规律，以及不同监测对象之间的内在变化规律。监测断面的位置和数量宜根据工程条件及规模确定。

条文说明

为反映监测对象的不同部位、对象、监测项目之间的内在联系和变化规律，需设置监测断面。纵向监测断面是指沿着隧道走向布设的监测点组成的监测断面；横向监测断面是指垂直隧道走向布设的监测点组成的监测断面。考虑不同监测对象的内在联系和变化规律时，不同的监测项目布点要处在同一断面上。周围岩土体位移监测点与隧道支护结构变形及内力监测点可布设在同一断面上。

9.3.6 周边环境监测点的布设应便于观测，且不应影响或妨碍环境监测对象的结构受力、正常使用和美观。

9.3.7 监测点应埋设稳固、标识清晰，并采取有效的保护措施。监测点布设的具体要求应符合现行国家标准《城市轨道交通工程监测技术规范》（GB 50911）的相关规定。

条文说明

监测点的埋设应以不妨碍结构的正常受力或正常使用功能为前提，要便于现场观测，如便于跑点、立尺和数据采集，同时要保证现场作业过程中的人身安全。在满足监测要求的前提下，应避免在材料运输、堆放和作业密集区埋设监测点，减少对现场观测造成的不利影响，同时也可避免监测点遭到破坏，保证监测数据的质量。

监测点的数值变化是监测对象安全状态的直接反映，监测点埋设质量好坏对监测成果的准确性、可靠性存在较大影响，因此应埋设牢固，并采取可靠方法避免监测点受到破坏，如对地表位移监测点加保护盖、对传感器引出的导线加保护管、对测斜管加保护管或保护井等。若发现监测点被损坏，需及时恢复或采取补救措施，以保证监测数据的连续性。另外，为便于监测和管理，应对监测点按一定编号原则进行编号，标明测点类型、保护要求等，并在现场清晰喷涂标识或挂标示牌。

9.3.8 应力监测元器件应预埋在管片内相应位置，并应在管片拼装前进行测试。

9.4 监测频率

9.4.1 监测频率应根据监测对象的变形量和变形速率确定，并应能及时、系统地反映施工情况及监测对象的动态变化。

9.4.2 施工降水、岩土体注浆加固等工程措施对周边环境存在影响时，应根据环境的重要性和预测的影响程度确定监测频率。

9.4.3 水下地形监测频率应根据地质条件、盾构掘进速度、水位涨落及水域段冲刷特性等因素综合确定。

9.4.4 工程施工期间，现场巡查每天不宜少于一次，并应做好巡查记录，在关键工况、特殊天气等情况下应增加巡查次数。

9.4.5 对穿越既有交通工程、管线工程、重要建（构）筑物等周边环境风险等级较高的工程，应提高监测频率，宜对关键监测项目进行实时监测。

9.4.6 当遇到下列情况时，应提高监测频率：

1 监测数据异常或变化速率较大。

2 存在勘察未发现的不良地质条件，且影响工程安全。

3 地表、建（构）筑物等周边环境发生较大沉降、不均匀沉降。

4 盾构始发、接收以及停机检修或更换刀具期间。

5 工程发现异常及出现本规程第9.5.5条规定的警情时。

6　工程险情或事故后重新组织施工。

7　暴雨或长时间连续降雨。

8　邻近工程施工、超载、振动等周边环境条件较大改变。

9.4.7　施工监测工作结束应满足下列条件：

1　盾构法隧道贯通、设备安装施工后。

2　支护结构监测结束后，且周围岩土体和周边环境变形趋于稳定时。

3　满足设计要求结束监测工作的条件。

条文说明

明确结束监测工作应满足的条件。施工监测期应贯穿工程施工的全过程，即从施作支护结构或降水施工之前起，至土建施工完成之后止。

9.4.8　盾构隧道施工中的监测频率宜按表 9.4.8 确定。

表 9.4.8　监测频率

监测部位	监测对象	开挖面与监测点或监测断面的距离	监测频率
掘进面前方	周围岩土体和周边环境	$5D<L\leqslant8D$	1 次/（3～5d）
		$3D<L\leqslant5D$	1 次/（2d）
		$L\leqslant3D$	1 次/（1d）
	河（海）床底面	$L\leqslant1D$	2 次/（1d）
掘进面后方	隧道结构、周围岩土体和周边环境	$L\leqslant3D$	（1～2 次）/（1d）
		$3D<L\leqslant8D$	1 次/（1～2d）
		$L>8D$	1 次/（3～7d）

注：1　D 为隧道开挖直径（m），L 为掘进面与监测点或监测断面的水平距离（m）；

2　隧道结构位移、净空收敛在衬砌环脱出盾尾且能通视时进行监测；

3　监测数据趋于稳定，监测频率宜为 1 次/（15～30d）。

条文说明

对盾构法隧道掘进面前方和后方分别提出了不同的监测频率。掘进面前方的监测对象主要是周围岩土体和周边环境，具体监测频率根据掘进面与监测点或监测断面的水平距离确定。开挖面后方的监测对象除了周围岩土体和周边环境外，还有管片结构变形、位移。隧道结构变形、位移监测在衬砌环脱出盾尾具备通视条件时进行，具体监测频率根据掘进面与监测点或监测断面的水平距离确定。沿隧道方向主要影响范围根据实际工程经验确定为 5 倍洞径至 8 倍洞径之间。相关控制值主要参考国家标准《盾构法隧道施工及验收规范》（GB 50446—2017）中 15.4.2 条的规定。

9.4.9 监测频率的其他要求应符合现行国家标准《城市轨道交通工程监测技术规范》（GB 50911）的相关规定。

9.5 监测项目控制值和预警

9.5.1 监测预警的监控测量项目和预警等级应根据工程特点、监测项目控制值及施工经验等确定。

条文说明

监测预警是整个监测工作的核心，通过监测预警能够使相关单位对异常情况及时做出反应，采取相应措施，控制和避免工程自身和周边环境等安全事故的发生。工程监测预警需要建立一定标准，并按照不同等级响应，因此，盾构隧道工程监测需制定监测预警等级和预警标准。

目前，我国采用盾构法隧道施工的地区或城市较多，由于建设管理水平、施工队伍素质和施工经验以及工程地质条件、施工环境等存在差异，工程监测预警的分级不尽相同，每级的分级标准也不完全一致。为便于预警工作的统一管理，通常由建设单位组织设计单位、施工单位、监理单位及相关专家，根据工程特点、监测项目控制值、当地施工经验等，研究制定监测预警等级和预警标准。

9.5.2 监测项目控制值应按监测项目的性质分为变形监测控制值和力学监测控制值。变形监测控制值应包括变形监测数据的累计变化值和变化速率值，力学监测控制值宜包括力学监测数据的最大值和最小值。

条文说明

变形监测不但要控制监测项目的累计变化值，还要注意控制其变化速率。累计变化值反映的是监测对象当前的安全状态，而变化速率反映的是监测对象安全状态变化的发展速度，过大的变化速率，往往是突发事故的先兆。因此，变形监测数据的控制值应包含累计变化值和变化速率值。

9.5.3 监测项目控制值应符合现行国家标准《城市轨道交通工程监测技术规范》（GB 50911）的相关规定。

条文说明

监测项目控制值的大小直接影响到结构自身和周边环境的安全，对施工进展和监测手段的确定也存在影响。因此，合理确定监测控制值是一项十分重要的工作。隧道管片结构竖向位移、净空收敛及隧道周边环境、轨道交通既有构筑物等监测控制值，可根据工程地质条件和产权单位要求确定，也可参照说明表9.5.3-1～表9.5.3-4执行。对于水下地形的监测控制值，则需根据工程地质及水文条件、工程风险等级进行研判后综合确定。

说明表9.5.3-1　隧道管片结构竖向位移、净空收敛监测控制值

监测项目		累计值（mm）	变化速率（mm/d）
管片结构沉降	坚硬～中硬土	10～20	2
	中软～软弱土	20～30	3
管片结构差异沉降		0.04% *Li*	—
管片结构净空收敛		0.2% *D*	3

注：*Li*——沿隧道轴向两监测点间距（m）；

D——隧道开挖直径（m）。

说明表9.5.3-2　地表沉降（隆起）监测控制值

监测项目		工程监测等级					
		一级		二级		三级	
		累计值（mm）	变化速率（mm/d）	累计值（mm）	变化速率（mm/d）	累计值（mm）	变化速率（mm/d）
地表沉降	坚硬～中硬土	10～20	3	20～30	4	30～40	4
	中软～软弱土	15～25	3	25～35	4	35～45	5
地表隆起		10	3	10	3	10	3

注：1　本表主要适用于标准断面的盾构隧道；

2　本表中工程监测等级参考现行国家标准《城市轨道交通工程监测技术规范》（GB 50911）第3.3.5条规定划分，可根据当地经验结合地质条件进行调整。

说明表9.5.3-3　地下管线沉降及差异沉降控制值

管线类型	累计值（mm）	变化速率（mm/d）	差异沉降（mm）
燃气管道	10～30	2	0.3% *Lg*
雨污水管	10～20	2	0.25% *Lg*
供水管	10～30	2	0.25% *Lg*

注：1　燃气管道的变形控制值适用于100～400mm的管径；

2　*Lg*——管节长度（m）。

说明表9.5.3-4　城市轨道交通既有线隧道结构变形控制值

监测项目	累计值（mm）	变化速率（mm/d）
隧道结构沉降	3～10	1
隧道结构上浮	5	1
隧道结构水平位移	3～5	1
隧道差异沉降	0.04% *Li*	—
隧道结构变形缝差异沉降	2～4	1

9.5.4 警情报送应符合下列规定：

1 周边地表出现突然明显沉降（隆起）或较严重的突发裂缝、塌陷。

2 建（构）筑物等周边环境危害正常使用功能或结构出现过大变形、沉降、倾斜或裂缝等。

3 周边地下管线变形明显增长或出现裂缝、泄漏等。

4 隧道结构出现明显变形、较大裂缝、较严重漏水。

5 根据工程经验判断的可能出现的其他警情。

条文说明

监测预警等级的划分要与工程所在地区、工程项目特点、施工经验相适应，具体的预警等级可根据工程实际需要确定，一般取监测控制值的70%、85%和100%划分为三级。北京市轨道交通工程监测预警体系较为成熟，其监测预警分级标准见表9.5.4。

说明表9.5.4 监测预警分级

预警级别	预警状态
黄色预警	变形监测的绝对值和速率值双控指标均达到控制值的70%，或双控指标之一达到控制值的85%
橙色预警	变形监测的绝对值和速率值双控指标均达到控制值的85%，或双控指标之一达到控制值
红色预警	变形监测的绝对值和速率值双控指标均达到控制值

9.5.5 监控测量可按表9.5.5进行分级管理。

表9.5.5 隧道盾构法施工监控测量管理等级

管理等级		管理指标	施工对策
Ⅲ	黄色	速率或累计值≥70%控制值，速率或累计值≥85%	加强监测、巡视
Ⅱ	橙色	速率或累计值≥85%控制值，速率或累计值之一达到控制值	一周内召开预警分析会，分析原因，制定整改措施
Ⅰ	红色	速率或累计值≥控制值	停止（掘进）施工

条文说明

隧道盾构法施工监控测量管理等级采用量测值与控制值的对比关系进行编制，其中分级指标和颜色标示参照了现行国家标准《城市轨道交通工程监测技术规范》（GB 50911）第9.2.2条表9.2.2-1。本表适用于变形监控测量项目，以及国内城市轨道交通工程检测技术标准关于黄、橙、红预警分级的通行划分，具有代表性和成熟性，实施过程中可根据使用情况进行修订，通过实践进一步完善指标体系。本表基于成熟性和易操作角度考虑采用单控指标。

9.6 监测成果信息管理

9.6.1 监测数据处理宜实现采集实时化、处理自动化、输出标准化，并应建立数据库。宜构建信息化管理平台，利用网络技术实现监控测量数据的信息化管理，对预警信息进行实时警情报送。

9.6.2 现场监测资料应包括外业观测记录、现场巡查记录、记事项目以及仪器、视频等电子数据资料。外业观测记录、现场巡查记录和记事项目应现场在正式的监测记录表格中直接记录，监测记录表格中应有相应的工况描述。

条文说明

工程现场仪器监测应将不同监测项目的实测结果记录到规定的表格中，以便监测数据的清晰记录和后续的计算、对比和分析。全站仪等可以自动记录现场监测数据的监测仪器，需保存相应的电子数据资料，以便实测数据的复核和比对，防止实测出现错漏。现场巡查工作需填写巡查记录表格，将实际巡视检查结果言简意赅地记录。远程视频监控要保存好视频监控录像资料，填写相关视频成果保存记录，便于远程视频监控记录的查找和调用。现场监测资料要与工程实际情况相结合，描述线路名称、合同段、工点名称、施工工法、施工进度等工况资料，使监测成果与实际工程情况更好地结合，从而便于分析监测对象的安全状态。

9.6.3 取得现场监测资料后，应及时对监测资料进行整理、分析和校对，监测数据出现异常时，应分析原因，必要时进行现场核对或复测。

条文说明

现场监测工作会受自然环境条件变化（气候、天气等）和人为因素（施工损坏监测点等）的影响，仪器监测成果可能因为监测仪器、设备、元器件和传感器等问题出现偏差，当传感器受施工影响出现故障或损坏时，可能给出错误的监测数据。因此，完成现场监测后，应对各类资料进行整理、分析和校对。当发现监测数据波动较大时，应分析是监测对象实际变化还是监测点或监测仪器问题所致。难以确定原因时，应进行复测，防止错误的监测数据影响监测成果质量。

9.6.4 监测数据应结合施工及周边环境状况定期进行综合分析，并绘制时态曲线，预测最大值。

条文说明

时态曲线图包括散点图和回归曲线图。

9.6.5 对时态曲线进行回归分析，可采用指数函数、双曲线函数等经验公式，并选择与实测数据拟合较好的函数。对于不同施工阶段，应采用分段回归进行时态曲线拟合。

9.6.6 监测成果资料应完整、清晰、签字齐全，监测成果应包括现场监测资料、计算分析资料、图表、曲线、文字报告等。

条文说明

施工监测成果主要包括现场实测资料和室内数据处理成果两大类。通过仪器监测、现场巡查和远程视频监控等手段获得各类现场实测资料后，需及时进行计算、分析和整理工作，将现场实测资料转化为完整、清晰的分析处理成果。室内数据处理成果可采用图表、曲线等直观且易于反映工程安全问题的表现形式，同时对相关图表、曲线附必要的文字说明。在某个阶段或整个过程的监测工作完成后，要形成书面文字报告，对该阶段或整个监测工作进行总结、分析，提出相关分析结论和建议。

9.6.7 监测完成后，应及时向有关单位提供阶段性监测成果。

9.6.8 工程竣工或监测工作完成后，应提供监测技术报告。总结报告宜包括下列内容：

1 工程概况。

2 监测目的、监测项目和监测依据。

3 监测点布设。

4 采用的仪器型号、规格和元器件标定资料。

5 监测数据采集和观测方法。

6 现场巡视信息包括巡视照片、记录等。

7 监测数据图表包括监测值、累计变化值、变化速率值、时态曲线、必要的断面曲线、等值线图等。

8 监测数据、巡视信息的分析与说明。

9 结论与建议。

10 施工安全管理

10.1 一般规定

10.1.1 建设各方应根据工程特点开展安全管理工作，并遵循安全第一、预防为主、动态管理、阶段实施的原则。

10.1.2 建设各方应根据工程特点和环境条件，建立健全安全管理体系，设置安全管理机构，配备安全管理人员，制定安全生产规章制度，落实安全生产责任制。

10.1.3 实施性施工组织设计中应包含具体的安全保障措施，属危险性较大的分部分项工程按相关规定办理专项方案的专家论证和方案实施。

10.1.4 各工序作业前，应编制安全作业规程或作业指导书，且应对作业人员进行安全技术交底。

10.1.5 施工单位应根据工程特点和施工环境进行危险源辨识，对重大危险源应编制应急预案，成立应急组织，配备应急物资，并按规定组织培训和演练。

条文说明

安全费用主要用于完善、改造和维护安全防护设备、设施支出，必要的应急救援器材、设备和现场作业人员安全防护物品支出，安全生产检查与评价支出，重大危险源、重大事故隐患的评估、整改、监控支出，安全技能培训及进行应急救援演练支出和其他与安全生产直接相关的支出。

10.1.6 工程建设过程中应按规定进行安全生产检查，及时排查安全隐患，采取有效整改应对措施，并应高度重视突发性和灾难性风险的防范和应对。

10.2 施工作业管理

10.2.1 施工机械设备、试验与测量仪器仪表等应按有关规定进场检验或定期检验，检验检测合格后方可投入使用。

10.2.2 盾构设备应现场组装，设备大件吊装作业应由具有资质的专业队伍实施。

10.2.3 盾构设备吊装应符合下列规定：

1 起吊前，应确定合理的吊装方式。对吊具和钢丝绳的强度、地基吊装承载力、盾构工作井结构等应进行验算校核，并根据验算结果采取相应的加固措施。

2 吊装作业时，各大型部件应选择合理的吊点吊运，吊装应平稳，不得起吊速度过快和吊件长时间在空中停留。

3 吊装作业应由有资格的专业人员专人负责指挥。

10.2.4 盾构组装完成后，应对各项系统进行空载调试，然后再进行整机空载调试，并组织动态验收。

条文说明

盾构是集机、电、液、控为一体的复杂大型设备，掘进中如发生故障，处理十分困难且易导致地层坍塌。因此，现场组装后，要首先对各个系统进行空载调试，使其满足设计功能要求。然后进行整机联动调试，使盾构处于正常状态，确保盾构始发掘进的安全进行。

10.2.5 盾构后配套设备选型应满足隧道长度、转弯半径、坡度、列车编组载荷等指标的安全要求。

条文说明

盾构后配套设备包括运输设备、电力设备、通风设备、照明设备、壁后注浆设备、泥水处理设备与设施。采用泥水平衡盾构时，管道运输系统要满足出渣和掘进速度的要求。

10.2.6 盾构始发、接收前，应根据工程地质、水文条件、盾构机类型、盾构工作井的围护结构形式等因素加固盾构工作井端头地基，确保工作井端头承载力和止水性满足设计要求。

条文说明

端头土体加固是为了防止盾构始发、接收引起端头地层发生过大变形、坍陷、涌砂或涌水。

10.2.7 隧道内各系统应布置合理，机车运输系统、人行系统、配套管线在隧道断面上的布置应保持安全间距，不得发生交叉。

10.2.8 盾构始发前应验算盾构反力架及其支撑的强度和刚度，反力架应牢固支撑在始发井结构上，且反力架整体倾斜度应与盾构基座的安装坡度一致。

条文说明

始发反力架及其支撑强度、刚度要满足盾构始发推力的要求。盾构反力架的整体倾斜度要与盾构基座的安装坡度一致，防止反力架偏心受力。

10.2.9 盾构始发、到达前应进行探孔验证，确保洞门周边土体的强度、渗透性满足要求，否则，应采取措施进行二次加固。

条文说明

端头加固后，需对洞口段土体的加固效果做检查，加固体的强度、渗透性指标经现场取样试验确定，应当满足设计要求。如不能满足设计要求，要分析原因采取二次加固或其他措施补强，以保证盾构始发和接收的安全。洞门围护结构破除要连续作业，尽量缩短施工时间。

10.2.10 盾构始发洞门拆除后，刀盘应及时靠紧开挖面。

条文说明

破除后盾构刀盘及时靠上开挖面，尽量缩减开挖面暴露的时间，防止开挖面失稳。

10.2.11 盾构接收洞门拆除后，应及时顶推并快速拼装管片。

10.2.12 隧道贯通前的20环管片应加强同步注浆和二次注浆，并设置管片纵向拉紧装置。

10.2.13 盾尾通过洞口后，应及时密封管片环与洞门间隙，确保密封止水效果。

条文说明

盾尾通过洞口后，及时对管片环与洞门间隙进行密封，可有效防止漏砂漏水。

10.2.14 盾构始发、到达前，应在洞门处安装可靠的密封装置，隧道贯通前后，应保证洞内外联络畅通。

条文说明

由于洞口与盾构存在建筑空隙，易造成漏砂、漏水，继而引发地表沉降，因此，在洞口安装密封装置非常必要。

10.2.15 水域段盾构施工应符合下列规定：

1 应详细查明工程地质、水文地质条件及河床状况，合理设定开挖面压力，加强开挖面管理与掘进参数控制，防止冒浆和地层坍塌。

2 宜采用快凝早强注浆材料，加强壁后同步注浆和二次注浆。

3 下穿江河前，应对盾构密封系统进行全面检查和处理。

4 长距离下穿江河时，应根据地层条件预测刀具和盾尾密封的磨损状况，制定相应的更换方案。

5 应采取技术措施控制对堤岸的影响。

10.2.16 水域段盾构掘进，应根据工程推进情况动态控制开挖面土压力，确保土仓压力（泥浆压力）与开挖面水土压力、排土量与开挖量保持平衡，并采取有效措施防止泥浆循环管路卡滞或螺旋输送机喷涌。

条文说明

适当保持土仓压力或泥水仓内压力平衡，目的是控制地表变形和确保开挖面的稳定。根据盾构穿越的地层条件，可以有选择地向土仓内适当注入泥浆或水、泡沫剂、聚合物等材料，亦可调整泥水仓泥浆性能指标。

10.2.17 水域段盾构掘进，隧道内应配置有足够的排水设施和堵漏材料，应根据隧道长度及工作井特点制定分段排水方案。在水压较高的地层掘进时，注浆口应设置止回阀等装置。

10.2.18 盾构掘进过程中，应及时检查刀具和刀盘，发现过度磨损应及时更换刀具和维修刀盘。

条文说明

及时检查刀盘，目的是为了防止刀盘过度磨损失去掘进功能而报废。

10.2.19 刀盘维修时，应根据维修地点的具体条件对刀盘前方的土体采取地层加固、加大仓内气压或施做竖井等措施，土体加固的各项参数应满足设计要求。

10.2.20 刀具检查和更换地点应选择在地质条件好、地层较稳定的地段进行。换刀作业实施前，应对换刀位置周边环境、水文地质条件、地质情况、地下管线、周边建（构）筑物等进行详细调查，并根据实际情况，对换刀区域地层、周边建（构）筑物、管线等进行预加固，保证换刀位置掌子面稳定和周边建（构）筑物、管线的安全。

10.2.21 在不稳定的地层更换刀具时，应采取加固地层或控制气压等措施，开挖面稳定后方可进仓作业。带压进仓换刀作业应符合气压作业相关标准的规定。

条文说明

带压进仓作业时，人员配备与进仓人员的作业时间应符合现行行业标准《盾构法开仓及气压作业技术规范》（CJJ 217）的规定。

10.2.22 潜水带压作业、操仓作业、焊接作业等特种作业人员应经专业培训并考核合格后，持有效证件上岗作业。

条文说明

特种作业是指容易发生人员伤亡事故，对操作者本人、他人及周围设施的安全可能造成重大危害的作业。特种作业人员安全技术培训考核执行国家安全生产监督管理总局第30号令的相关要求。

10.2.23 隧道联络通道施工前应编制专项施工方案，开挖前应加固开挖范围及上方土体，拆除联络通道交叉口管片前应加固管片壁后土体和周边范围内管片。

10.2.24 同一作业点有多个单位同时施工或不同专业交叉作业时，应共同拟定现场安全技术管理办法，做好协调，共同执行。

10.2.25 对盾构设备进行维修时应符合下列规定：

1 设备保养检修期间应挂设相应标识标牌，并设专人监护。

2 液压系统进行维修作业前应关闭相关阀门并降压，应防止液压油缸的缩回和意外运转。

3 电气系统维修前，应将系统关闭，并防止意外重启。

4 对空气和供水系统进行维修作业时，应关闭相应阀门并降压。

5 在刀盘、拼装机等旋转设备部件区域进行维修作业前，设备应当停止运转。

6 现场应配备完善的消防设备，使用明火、电焊进行维修作业时，应有专人监控，附近不应有可燃物。

10.2.26 盾构法水下交通隧道评估的地质和技术因素应包括以下内容：

1　高水压、高灵敏度软土、超浅覆土、软硬不均、高黏性土、高硬度、大粒径卵漂石、断层破碎带、岩溶、球状风化体群、瓦斯、硫化氢等特殊地质地层。

2　冷冻法作业、水中接收法作业、氦氧饱和压气作业、盾尾密封刷更换作业等。

10.3　施工运输管理

10.3.1　工作竖井应规定垂直运输的作业范围，任何非作业人员不得进入该作业范围。

10.3.2　钢丝绳、吊带等吊具应定期检查、更换。

10.3.3　水平运输牵引机车作业应符合下列规定：

1　牵引机车应具备完整的连接装置、后视摄像装置，司机在开车前应检查连接装置、制动器及部件的完好性。

2　牵引机车在启动、停止以及行驶过程中，应启动警铃、电喇叭等警示装置。

3　开车前应前后检查，各类物件应放置稳妥，捆绑安全，运输不得超载、超宽和超长。

10.3.4　大坡度地段隧道施工时，应制定牵引机车和后配套台车防溜、防撞措施。

10.4　应急管理与响应

10.4.1　盾构法水下交通隧道盾构施工应急预案应根据工程及水文地质条件、工程特点、盾构类型等编制。

10.4.2　应急预案编制应符合现行国家标准《生产经营单位生产安全事故应急预案编制导则》（GB/T 29639）的规定，同时应符合工程项目所在地政府部门的相关要求。

10.4.3　盾尾渗漏的应急响应应包括下列内容：

1　发现盾尾渗漏时，及时上报险情，启动应急措施。

2　盾尾渗出浑浊泥水或浆液时，应对盾尾油脂腔内持续注入油脂。

3　若盾尾渗漏较严重并出现涌水、涌砂现象时，应立即停止掘进，采取向涌水、涌砂处填塞海绵、棉被，以及对盾体径向孔注入聚氨酯，对脱出盾尾管片注入双液注浆等措施防止渗漏范围进一步扩大。

4　盾尾渗漏稳定后，宜及时更换已破损的盾尾刷。

5　隧道内应配置两套独立排水系统。

10.4.4 地表或河床底部冒浆应急响应宜包括下列内容：

1 发生轻微江底冒浆时，在不降低开挖面水压下宜选择向前推进，适当加快推进速度和提高拼装效率，快速通过冒浆区域。

2 发生严重江底冒浆，导致盾构机不能推进时，宜将开挖面水压降低到水土压力平衡为止，并提高泥水比重和黏度。为了能使盾构继续向前推进，掘进过程中宜检查排渣量，确认有无超挖现象。

3 掘进一定距离后进行壁后注浆，并将开挖面水压调至正常状态，进行正常掘进。

10.4.5 隧道内应设置安全应急照明和应急逃生标志，应急照明应有备用电源并保证光照度符合要求。

10.4.6 建设各方应组织对相关人员的应急救援知识、技能进行培训和教育，并按规定组织和实施应急演练。演练前，应结合施工环境条件变化和以往演练情况制定计划，演练后应及时评审，并不断改进和完善应急救援体系。

10.4.7 隧道内所有施工作业人员应经过应急救援培训，应急救援培训应包括下列内容：

1 了解潜在危险的性质和对健康的危害。

2 熟悉应急救援程序。

3 掌握必要的自救及互救知识。

4 了解预先指定的主要及备用逃生路线、集合地点。

5 了解各种警报含义，掌握警报设备、通信装置的使用方法。

11 环境保护

11.0.1 盾构法水下交通隧道施工项目应落实环境保护同时设计、同时施工、同时验收制度，环境保护应贯穿于勘察、设计、施工全过程。项目进场前，应根据国家有关法律法规及所在地环境保护管理的规定，制定保护措施。

条文说明

《中华人民共和国环境保护法》规定："建设项目中防治污染的设施，应当与主体工程同时设计、同时施工、同时投产使用。防治污染的设施应当符合经批准的环境影响评价文件的要求，不得擅自拆除或者闲置。"

11.0.2 在风景名胜区、自然保护区内进行建设活动的，建设单位、施工单位应制定污染防治和水土保持方案，并采取有效措施，保护好周围景物、水体、林草植被、野生动物资源和地形地貌。水源保护区附近施工的，应保证保护区水体不受污染。

条文说明

在风景名胜区、自然保护区内进行建设活动应该遵守《中华人民共和国水土保持法》的相关规定，应制定水土保持方案，并采取有效保护措施。水源保护区附近施工应该遵守《中华人民共和国水污染防治法》的相关规定，应保证水体不受污染。

11.0.3 施工生产区和生活区应分开设置，对场地内的生活垃圾、建筑垃圾、渣土等集中存放后外运，不得造成水域污染。施工现场应符合现行国家标准《建筑工程绿色施工规范》（GB/T 50905）相关规定。

条文说明

此条文参照现行国家标准《建筑工程绿色施工规范》（GB/T 50905）相关内容，施工现场应符合该规范规定。

11.0.4 施工应符合国家有关环保法的规定，做好有关环境保护工作，防止工程施工造成施工区附近地区的环境污染和破坏。盾构施工前应制定防止水土流失及水污染的施工技术措施。

条文说明

施工中应做好环境保护工作，防止施工区域因施工作业使环境受到污染及破坏。盾构法水下交通隧道施工前应制定防止水土流失及水污染的施工技术措施，应当保证施工区域内水体不受污染。

11.0.5 地下水保护应符合下列规定：

1 施工中应采用环保材料。

2 在水源地和地下水敏感地区应采取堵水、限排、回灌等措施。

3 特殊地区应采取防止地下水路径改变的措施。

条文说明

此条文参照现行行业标准《铁路隧道盾构法技术规程》（TB 10181）第11.2.4条，指出地下水保护的要求。

11.0.6 采用泥水盾构机施工时，宜优先采用移动式泥浆池，泥水处理系统应配备泥水分离系统与压滤机。对废弃泥浆应采用机械方式分离，施工过程中应按规定收集固体废弃物、废液等，不应随意排放。

11.0.7 施工产生的废渣和废水等应及时处置，油污、废水和有毒有害物质等应经处理达标后排放。渣土存放或转运过程中应注意保护环境。

条文说明

第11.0.6、11.0.7条 盾构法隧道施工产生的废渣、废水应分类定点存放，及时清理清运。施工现场的渣土池、排水设施和污水处理设施布设合理，对含有化学污染物的废水、废液，采用密闭容器收集处理。渣土池采取必要的覆盖措施，防止扬土扬尘。施工污水进行沉淀过滤处理，符合现行国家标准《污水综合排放标准》（GB 8978）的规定后排入污水管网。

11.0.8 施工宜采用低噪声设备或采取降噪措施，根据需要采取降噪措施。施工现场噪声控制应符合现行国家标准《建筑施工场界环境噪声排放标准》（GB 12523）的有关规定。隧道内噪声不应大于90dB，作业区域应采取隔音降噪措施。

11.0.9 隧道内温度不应高于32℃，操作人员作业区域应采取降温措施。

11.0.10 施工通风方式应采用机械通风，宜选用压入式通风。隧道内通风应满足施工作业面需要的最大风量，风量应按照每人每分钟供应新鲜空气3m^{3}计算，风速不宜小于0.25m/s。

11.0.11 施工应重视隧道内有毒有害气体监测工作，采用专用仪器进行检测，并应加强通风措施，气体浓度应控制在安全允许范围内。施工作业环境气体应符合下列规定：

1 空气中氧气含量不得小于20%（按体积计）；

2 甲烷浓度应小于0.5%（按体积计）；

3 有害气体浓度应符合以下要求：

1）一氧化碳不应超过30mg/m³；

2）二氧化碳不应超过0.5%（按体积计）；

3）氮氧化物换算成二氧化碳不得超过5mg/m³；

4）粉尘容许浓度，空气中含有10%及以上的游离二氧化硅的粉尘不得大于2mg/m³，空气中含有10%及以下的游离二氧化硅的粉尘不得大于4mg/m³。

条文说明

第11.0.8～11.0.11条 相关数据是根据现行国家标准《盾构法隧道施工及验收规范》（GB 50446）的有关规定和实际施工经验确定的。

12 成型隧道质量检验

12.1 一般规定

12.1.1 成型隧道应对防水体系、管片拼装、隧道形态等项目进行检验，主要检验项目应符合表12.1.1规定。

表12.1.1 成型隧道检验项目

序号	项 目	主要内容
1	主控项目	结构表面、隧道防水、衬砌结构、隧道轴线位置和高程偏差
2	一般项目	衬砌环直径椭圆度允许偏差值、相邻管片的径向错台允许偏差值、相邻环片环面错台允许偏差值

12.1.2 隧道检测后应及时上报检测结果，检测结果如出现较大误差或不满足使用要求时，应及时制定相应方案。

12.2 检验项目

12.2.1 成型管片隧道结构应符合下列规定：

1 钢筋混凝土管片结构抗压强度、抗渗压力符合设计规定。

2 管片结构表面无渗漏裂缝，无缺棱、掉角，管片接缝严密。

条文说明

隧道防水效果未达到设计要求时，应采取注浆、堵漏等技术措施予以处理。

12.2.2 隧道贯通后应对成型管片进行整体性测量评估，成果应符合成型隧道轴线平面位置和高程偏差要求，按表12.2.2的规定确定。

表12.2.2 隧道轴线和高程允许偏差

<table>
<tr><th rowspan="2">检验项目</th><th colspan="4">允许偏差</th><th rowspan="2">检验方法</th><th colspan="2">检验数量</th></tr>
<tr><th>地铁隧道</th><th>公路隧道</th><th>铁路隧道</th><th>市政道路隧道</th><th>环数</th><th>点数</th></tr>
<tr><td>隧道轴线平面位置（mm）</td><td>±50</td><td>±75</td><td>±70</td><td>±75</td><td>用全站仪测中线</td><td>逐环</td><td rowspan="2">1点/环</td></tr>
<tr><td>隧道轴线高程（mm）</td><td>±50</td><td>±75</td><td>±70</td><td>±75</td><td>用水准仪测高程</td><td>逐环</td></tr>
</table>

12.2.3 盾构隧道实体检测内容应包括混凝土强度检测、净空尺寸和钢筋保护层厚度检测。

12.2.4 对涉及混凝土结构安全的重要部位应进行结构实体检测。

12.2.5 成型隧道允许偏差应符合表12.2.5规定。

表12.2.5 成型隧道允许偏差

检验项目	允许偏差				检验方法	检验数量	
	地铁隧道	公路隧道	铁路隧道	城市道路隧道			
衬砌环椭圆度（‰）	±5	±6	±6	±6	断面仪、全站仪测量	每10环	—
衬砌环内错台（mm）	5	6	6	6	尺量	逐环	4点/环
衬砌环间错台（mm）	6	7	7	7	尺量	逐环	

12.2.6 岩石地层隧道应加强管片壁后注浆质量检测，发现孔洞时应及时进行补充注浆。

条文说明

在岩石地层中进行盾构隧道施工时，管片壁后注浆易因地下水冲刷或开挖舱泥水冲刷形成空洞，对结构安全和运营安全造成不利影响，因此应加强壁后注浆质量检测。检测方法可以采用物探和钻探相结合的方法。

12.3 单位工程综合质量评定

12.3.1 单位工程质量控制资料核查应符合下列规定：

1 单位工程质量控制资料齐全完整，全面反映工程施工质量状况。

2 单位工程质量控制资料核查应由监理单位组织施工单位进行。

12.3.2 单位工程实体质量和主要功能核查应符合下列规定：

1 单位工程完成后，应由建设单位组织设计、监理、施工单位对单位工程实体质量和主要功能进行核查。

2 单位工程实体质量、主要功能核查方法和数量应按现行隧道工程施工质量验收有关标准实施。

3 结构实体质量和主要使用功能达不到设计要求的单位工程不得验收。

12.3.3 单位工程观感质量评定应符合下列规定：

1 单位工程观感质量评定由建设单位、监理、施工单位共同进行现场评定。

2 单位工程观感质量检查项目评定达不到合格标准者应进行返修。

条文说明

单位工程观感质量合格标准如下：

（1）盾构隧道洞身表观质量合格标准：

管片修补后质量应符合验收要求，管片表面无缺棱、掉角，混凝土无剥落，不大于0.2mm宽的裂缝或贯穿性裂缝等缺陷。

（2）防排水观感质量合格标准：

管片及接缝不渗水，管片表现范围内无湿渍。水沟畅通，不积淤堵塞。

13 运营期监测

13.1 一般规定

13.1.1 盾构法水下交通隧道工程的运营及养护维修测量内容应包括各级控制网的复测、构筑物变形监测等。

13.1.2 盾构法水下交通隧道工程应采用稳定的基准点对构筑物进行变形监测。

13.1.3 盾构法水下交通隧道的结构健康监测方案应根据工程特点合理确定。

条文说明

隧道健康监测系统的最终目的是为工程管理方及相关方提供及时、可靠的数据和信息，给出实时安全预警信息，对隧道的健康状况以及使用寿命进行评估，指导运营。

结构健康监测方案主要包括监测项目、监测断面、监测点布设方法与保护要求、监测频率、监测控制值及预警、元器件安装及数据采集等内容。主要的监测项目为：管片外弧面水土压力、钢筋应力、管片螺栓轴力、接缝张开量、隧道沉降及收敛等。结构健康监测项目可与施工期监测项目结合使用。

13.2 控制网复测

13.2.1 运营期控制网复测内容包括洞外平面、高程控制点，洞内平面、高程控制点。

13.2.2 运营期平面及高程控制网复测频次应满足下列要求：

1 第1~3年，每年应对洞内外平面及高程控制网复测一次。

2 根据前3年的稳定性情况确定3年后的复测频次，但不低于3年一次。

3 特殊地区、地面沉降地区或施工期间出现异常的地段，适当增加复测次数。

13.2.3 运营期控制网复测应遵循本规程5.6节中相关规定执行。

13.3 运营期变形监测

13.3.1 运营期存在下列情况时，运营单位应对隧道相关的建筑结构或周边环境进行监测：

1 施工阶段未稳定，需要继续进行观测的结构物。

2 不良地质条件的地区或地段。

3 城市地面沉降对隧道影响大的地区或地段。

4 邻近隧道两侧进行城市建设的地段。

5 其他工程与隧道衔接、交叉、穿越的地段。

6 自然灾害或外力作用对隧道产生较大影响的地段。

7 在过江、过河隧道段疏浚作业。

8 修建塘堰、开挖河道水渠、采石、挖砂、打井取水。

9 冲淤变化幅度较大的水域地段。

10 其他存在险情或运营安全隐患的地段或条件。

13.3.2 运营期监测方案编制应在收集施工阶段变形监测资料的基础上，结合自身施工或周边建设对隧道结构的影响等因素制定。

13.3.3 运营期监测应利用建设期间稳定可靠的基准点、工作基点和变形观测点。

13.3.4 运营期监测应充分利用建设期间设置的变形监测点，并根据运营监测需要增设监测点。

条文说明

考虑到监测数据的连续性、变形可对比性和监测工作的经济性，应充分利用施工阶段的监测点开展延续项目的监测工作。监测基准点也应利用施工阶段布设的基准点，当基准点的位置和数量不能满足现场观测要求时可重新埋设，其位置和数量要根据整条线路情况统筹考虑。隧道结构变形监测中的监测点应埋设牢固并能反映监测对象变形状况，基准点或监测点被破坏时要及时恢复。

13.3.5 运营期隧道邻近施工活动开始前，应评估其对隧道的影响程度，制定针对性监测方案，必要时应进行自动化实时监测。

13.3.6 运营期监测的频次应满足以下要求：

1 水下段：第一年宜每季度观测 1 次，一年后宜为每半年 1 次。

2 其他地段：根据变形的程度和变化速率确定监测频次，条件许可时使用自动化监测手段。

13.3.7 冲淤变化幅度较大的水域在洪水期、枯水期分别进行一次水下地形测量。当遇特大洪水时，应适当加大监测频率。

附录 A　梁弹簧模型及荷载模型简图

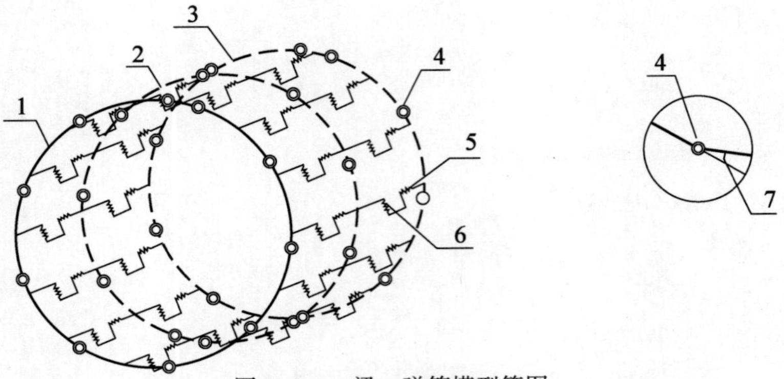

图 A.0.1　梁—弹簧模型简图

1-衬砌环 A 管片本体；2-衬砌环 B 管片本体；3-衬砌环 C 管片本体；4-环间接缝回转弹簧；5-环间径向剪切弹簧；6-环间切向剪切弹簧；7-环向接头转角

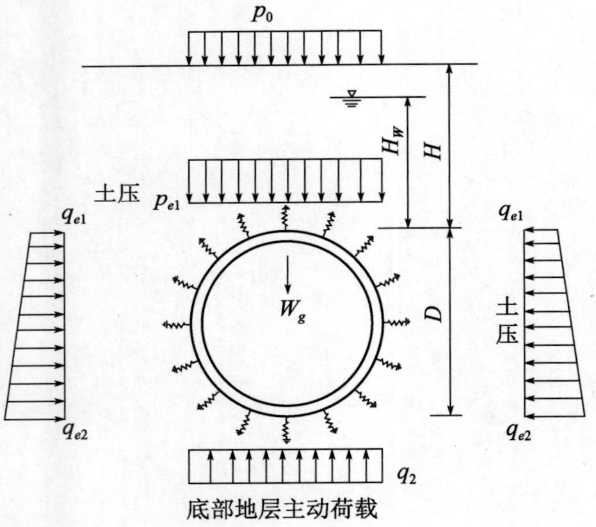

其中：$q_2=\beta(q_g+p_{e1})$ p_0 为地面超载，β 为调整系数，极软土中 $\beta=1.0$，岩层中 $\beta=0$，其余地层根据本规程 6.3.2 条计算。

图 A.0.2　盾构隧道横向内力计算荷载简图（水土合算）

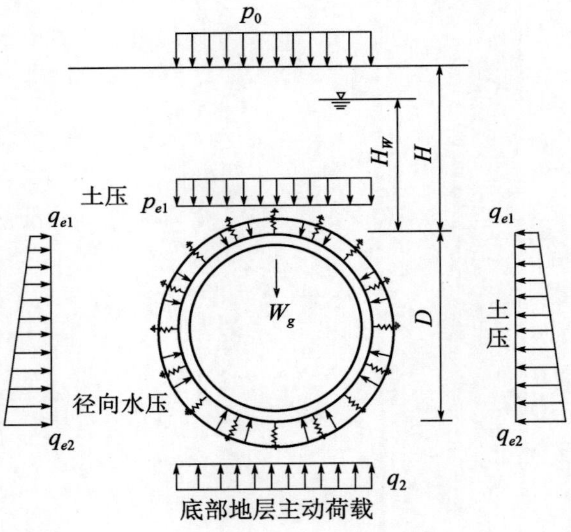

其中：$q_2=\beta(q_g+p_{e1})$ β 为调整系数，极软土中 $\beta=1.0$，岩层中 $\beta=0$，其余地层根据本规程 6.3.2 条计算。

图 A.0.3　盾构隧道横向内力计算荷载简图（水土分算）

p_0-地面超载；H-隧道顶部覆土厚度；H_W-隧道顶部静水头高度；p_{e1}-隧道顶部竖向地层压力；q_2-底部地层主动荷载；q_g-自重反力；q_{e1}-隧道顶部水平向地层压力；q_{e2}-隧道底部水平向地层压力

本规程用词说明

执行本规程条文时，对于要求严格程度的用词说明如下，以便在执行中区别对待。

（1）表示很严格，非这样做不可的用词：

正面词采用“必须”，反面词采用“严禁”。

（2）表示严格，在正常情况下均应这样做的用词：

正面词采用“应”，反面词采用“不应”或“不得”。

（3）表示允许稍有选择，在条件许可时首先这样做的用词：

正面词采用“宜”，反面词采用“不宜”。

（4）表示有选择，在一定条件下可以这样做的，采用“可”。

引用标准名录

1 《建筑结构荷载规范》（GB 50009）
2 《混凝土结构设计规范》（GB 50010）
3 《建筑抗震设计规范》（GB 50011）
4 《建筑设计防火规范》（GB 50016）
5 《钢结构设计标准》（GB 50017）
6 《工程测量规范》（GB 50026）
7 《地下工程防水技术规范》（GB 50108）
8 《人民防空工程设计规范》（GB 50225）
9 《城市轨道交通工程测量规范》（GB 50308）
10 《盾构法隧道施工及验收规范》（GB 50446）
11 《城市轨道交通结构抗震设计规范》（GB 50909）
12 《城市轨道交通工程监测技术规范》（GB 50911）
13 《建筑工程绿色施工规范》（GB/T 50905）
14 《城市轨道交通桥梁设计规范》（GB/T 51234）
15 《地下结构抗震设计标准》（GB/T 51336）
16 《球墨铸铁件》（GB/T 1348）
17 《建筑施工场界环境噪声排放标准》（GB 12523）
18 《国家一、二等水准测量规范》（GB 12897）
19 《国家三、四等水准测量规范》（GB 12898）
20 《盾构法隧道管片用橡胶密封垫》（GB 18173. 4）
21 《全球定位系统（GPS）测量规范》（GB 18314）
22 《生产经营单位生产安全事故应急预案编制导则》（GB/T 29639）
23 《城市桥梁设计规范》（CJJ 11）
24 《普通混凝土配合比设计技术规程》（JGJ 55）
25 《纤维混凝土应用技术规程》（JGJ/T 221）
26 《公路桥涵设计通用规范》（JTG D60）
27 《公路隧道设计规范》（JTG D70）
28 《公路隧道抗震设计规范》（JTG 2232）
29 《铁路列车荷载图式》（TB 3466）
30 《铁路桥涵设计规范》（TB 10002）

31　《铁路隧道设计规范》（TB 10003）
32　《铁路隧道防灾疏散救援工程设计规范》（TB 10020）
33　《铁路工程测量规范》（TB 10106）
34　《混凝土结构修复用聚合物水泥砂浆》（JG/T 336）

涉及专利和专有技术名录

1　国家专利

［1］中铁第四勘察设计院集团有限公司．一种双层盾构隧道：中国，ZL 2009 1 0062074. 7［P］. 2011-06.
［2］中铁第四勘察设计院集团有限公司．采用冻结加固和堆土灌水的盾构到达接收方法：中国，ZL 2011 1 0179819. 5［P］. 2014-08.
［3］中铁第四勘察设计院集团有限公司．盾构隧道浅覆土始发方法：中国，ZL 2012 1 0300855. 7［P］. 2015-04.
［4］中铁第四勘察设计院集团有限公司．一种公铁合建盾构隧道的疏散通道布置结构：中国，ZL 2013 1 0752760. 3［P］. 2016-04.
［5］中铁第四勘察设计院集团有限公司．一种盾构隧道衬砌环 9 + 1 分块结构：中国，ZL 2009 2 0086259. 7［P］. 2010-05.
［6］中铁第四勘察设计院集团有限公司．一种盾构隧道管片防水结构：中国，ZL 2009 2 0086262. 9［P］. 2010-10.
［7］中铁第四勘察设计院集团有限公司．一种盾构隧道管片接缝防水结构：中国，ZL 2009 2 0228135. 8［P］. 2011-01.
［8］中铁第四勘察设计院集团有限公司．一种采用非封闭二次衬砌的盾构隧道衬砌结构：中国，ZL 2010 2 0134800. 4［P］. 2012-01.
［9］中铁第四勘察设计院集团有限公司．一种盾构隧道中间预制箱涵：中国，ZL 2011 2 0341596. 3［P］. 2012-05.
［10］中铁第四勘察设计院集团有限公司．一种水中盾构机到达接收结构：中国，ZL 2016 2 0748337. 5［P］. 2016-12.
［11］中铁第四勘察设计院集团有限公司．一种圆端形凹凸榫型盾构隧道管片环间抗剪结构：中国，ZL 2014 2 0184404. 6［P］. 2014-12.
［12］中铁第四勘察设计院集团有限公司．一种新型地铁越江中型盾构隧道：中国，ZL 2012 2 0329067. 6［P］. 2013-01.

本文件的发布机构提请注意，声明符合本文件时，可能涉及到相关专利的使用。

本文件的发布机构对于该专利的真实性、有效性和范围无任何立场。

该专利持有人已向本文件的发布机构保证，他愿意同任何申请人在合理且无歧视的条款和条件下，就专利授权许可进行谈判。该专利持有人的声明已在本文件的发布机构备案。相关信息可通过以下联系方式获得：
专利持有人姓名：中铁第四勘察设计院集团有限公司
地址：湖北省武汉市和平大道745号
请注意除上述专利外本文件的某些内容仍可能涉及专利。本文件的发布机构不承担识别这些专利的责任。

2 工法

[1] 中铁十四局集团有限公司．GGG（中企）D6008 —2016 超大直径泥水盾构在大曲率小半径曲线上精准接收施工工法［D］．北京：中国公路建设行业学会，2016.
[2] 中铁十四局集团有限公司．JSSJGF2015-1-157 超大直径盾构隧道高精度管片预制工法［D］．山东：山东省建筑工程管理局，2015.
[3] 中铁十四局集团有限公司．LEGF-447—2012 复杂地质条件下超大直径盾构始发及接收施工工法［D］．山东：山东省建筑工程管理局，2012.
[4] 中铁十四局集团有限公司，中国铁建股份有限公司．GJYJGF075—2010 超大直径盾构穿越浅覆土水下隧道施工工法［D］．北京：中华人民共和国住房和城乡建设部，2011.